KB213833

주사파가 뭐길래?

기독교와 공산주의는 절대로 공존 할 수 없다.

왜 국민 절반이 국부 이승만을 폄훼하고 김일성을 추앙하게 되었나?
왜 공산주의, 사회주의, 주체사상을 배격해야 하는가?

정동섭 지음

미 문
커뮤니케이션

· contents ·

추천의 글

두레수도원 **김진홍 목사**

김문수
경사노위 위원장, 운동권 출신, 전 경기도 지사

이춘근
국제정치학자, 〈전쟁과 국제정치〉의 저자

김태우
전 통일연구원장, 전 한국국방연구원 책임연구위원

추부길
Why Times 발행인 겸 편집인

신혜식
신의 한수 대표, 신튜브 대표

공병호
공병호연구소 소장, 공병호TV 대표

이봉규
정치학 박사, 이봉규 TV 대표

김철홍 교수
장로회신학대학교 한국복음주의신약학회 전 회장

조평세
북한학 박사, 트루스포럼 연구위원, 월간 월드 뷰 편집위원

안희환 목사
예수비전성결교회, 안희환 TV 대표

김홍기 목사
캐나다 밴쿠버 필그림교회 담임목사 Christ Lives 대표

정동섭 박사는 튼튼한 신앙에 역사관, 국가관이 분명한 학자입니다. 그간에 정동섭 박사는 한국 교회와 한국 사회에 보이지 않게 크게 기여하였습니다. 한국 교회의 바른 신앙을 지켜 나가기 위하여 전심전력을 다하였습니다. 이번에 정동섭 박사는 우리 사회에 꼭 있어야 할 책을 저술하였습니다

〈주사파가 뭐길래?〉란 제목이 붙었습니다. 그리고 "기독교와 공산주의는 절대로 공존 할 수 없다"라는 부제를 붙였습니다.

우리 사회에 이상한 풍조가 있습니다. 국부인 건국 대통령 이승만을 폄훼하고 엉뚱하게도 김일성을 추앙하는 풍조입니다. 우리 현대사 100년을 제대로 이해한다면 도무지 이해할 수 없는 풍조입니다. 이번에 출간된 이 책은 우리 사회가 그렇게 된 배경과 이유를 소상히 밝혀 주고 있습니다

이 책은 7장으로 구성되어 있는데 각 장마다 구슬같이 소중한 글로 채워져 있습니다

1장은 〈인성이 지성보다 우선한다〉는 제목을 붙인 내용입니다.
2장은 〈가정을 파괴하라〉는 공산주의의 술책을 중심으로 파헤친 글입니다.
3장은 〈이단과 사이비〉라는 주제를 제목으로 마르크스주의가

사이비 종교임을 밝히고 있습니다. 그리고 한국 사회에 팽배한 이단 사이비들에 대한 폭 넓은 정보를 제공하여 줍니다.

4장은 〈공산주의란 무엇인가?〉라는 제목으로 거짓 종교격인 공산주의에 대한 소개와 주체사상의 거짓됨에 대하여 소상히 소개하여 줍니다.

5장은 〈주체사상이란 무엇인가?〉라는 제목으로 주체사상에 대하여 소상히 쓰고 있습니다.

6장은 〈회심과 전향〉이란 제목으로 건국 대통령 이승만과 경제 대통령 박정희의 업적을 적고 있습니다.

마지막 장인 7장은 〈문화막시즘의 침공〉이란 제목으로 제주 4.3 사건, 여순 반란 사건 등에 대해 바르게 설명하고 〈자유민주주의를 선택할 것이냐 공산주의를 선택할 것이냐〉에 대하여, 겨레가 선택하여야 할 민족적 과제를 강조함으로 결론을 짓고 있습니다.

끝으로 정동섭 교수의 이 책을 많은 국민들이 읽게 되기를 바라며 추천의 글을 대신합니다

김진홍 목사
두레수도원

대한민국은 이승만의 자유민주주의 건국과 박정희의 산업화를 기반으로 세계 10위권의 경제 대국으로 성장한 자랑스러운 나라다. 그러나 2017년 문재인 주사파 세력이 집권한 후 우리나라는 '태어나지 말았어야 할 나라'로 1948년 정부수립까지 부정당하고 있다. 원전, 4대강보, 한미동맹 등 과거 정권의 업적은 적폐 취급을 받고 있고 나라는 정치, 경제, 외교 안보, 교육 등 모든 분야에서 전방위적으로 무너지고 있다. 윤석열 정부가 집권하기까지 문재인 정권은 국가적 자살을 기도했다. 문정권은 사이비종교 주사파의 관점에서 근현대사를 왜곡하고 있으며, 우리나라를 낮은 단계 연방제로 사회주의화 하려고 공수처법, 대북전단금지법, 5.18역사왜곡금지법, 동성애차별금지법 등 여러 가지 악법을 만들어 내기도 했다.

70여 년의 근현대사를 살아온 상담심리학자 정동섭 교수는 이 책에서 이 모든 문제의 원인이 문재인을 비롯한 주사파 586 운동권 세력(김일성 주의자들)의 종북 주체사상에 있다고 진단하고 왜 우리나라가 반일, 종북, 친중 정책을 버리고 한미동맹에 기반을 둔 해양 세력으로, 법치주의 시장경제 체제를 회복해야 하는지, 왜 공산주의를 막아내야 하는지를 설득력 있게 주장하고 있다. 뒤틀린 역사를 바로잡고, 바른 투표권을 행사해, 자유민주주의 체제를 되찾아 자랑스러운 대한민국을 후손에게 물려주고 싶은 애국시민이라면 반드시 읽어봐야 할 책이라 믿어 적극 추천하는 바이다.

김문수

경사노위 위원장, 운동권 출신, 전 경기도 지사

정동섭 교수는 이 책에서 주사파 정권이 지난 70여 년의 근현대사를 어떻게 부끄러운 역사로 왜곡하고 있는가를 진단한 후에 이승만의 기독교 건국과 박정희의 산업화가 어떻게 세계 10대 경제 대국의 기초를 놓았는가를 대조해 보여주고 있다. 레이건 대통령이 지적한 대로, 자본주의의 태생적 결함은 행복을 불평등하게 나누어 주는 것이고, 공산주의의 태생적 결함은 불행을 평등하게 나누어 주는 것이다. 남과 북을 대조해 보라. 공산주의의 아류 주체사상이 어떻게 북한 동포들의 삶을 파괴할 뿐 아니라 남한의 좌파 정부 정책에 영향을 미치는가를 예리하게 분석하고 있다. 종교 심리학자로서 그는 왜 우리가 사회주의가 아닌 자유민주주의 체제로 돌아가야 하는지를 설득하고 있다. 나라의 안보와 정치를 불모지로 몰고 가고 있는 좌파의 방향에 불안해하고 있는 애국 동포 모두에게 권하고 싶은 책이다. 많은 분들이 반드시 읽어야 할 책이다.

이춘근

국제정치학자, 〈전쟁과 국제정치〉의 저자

나는 1981년 전경련 국제부에 입사하여 정동섭 박사의 후임으로 정주영 회장님의 통역으로 활동하면서 그를 알았다. 그는 양심적이고 진실하며, 겸손하고 박식한 사회과학자이다. 그러면서도 풍성한 독서량이 그의 주장을 설득력 있게 뒷받침하고 있다. 정동섭은 지독하게 하나님을 사랑하는 신앙인으로서, 지독하게 자신의 전공 분야를 파고드는 심리학자로서, 지독하게 대한민국과 자유민주주의를 사랑하는 애국자로서 문재인 정부 이후 경험하거나 보고 들은 것들을 가감 없이 정리하고 대한민국이 나아가야 할 방향을 제시하고 있다.

이 책은 대한민국을 쥐락펴락하는 주사파들의 문제점과 그들이 신봉하는 주체사상의 모순을 가차 없이 고발하고 있다. 18차례나 피소되면서도 200여 차례나 TV에 출연하여 한때 잘못된 판단으로 자신이 몸담았던 유병언의 구원파를 내부에서 고발했던 정동섭은 이 책에서도 양심적 고발자의 역할을 마다하지 않는다. 그는 '평등'을 앞세운 공산주의의 모순을 이승만의 언어로 통렬하게 지적한다.

그러면서 정동섭은 목적을 위해 폭력적 수단과 방법을 동원하는 공산주의자들의 속성을 설명하기 위해 해방 직후 및 6·25 전쟁 동안 저들이 저지른 만행과 '주체사상'이라는 기치 아래 북한에서 자행되어 온 반인권적 폐해들을 증거로 제시한다. 얼핏 들어서 아름답게 들리는 '평등'과 '인본주의'를 거론하면서 사실상 가정과 교회를 파괴하는 문화막시즘이 저들이 즐겨 사용하는 수단임을 경고하고 있으며, "결국 공산주의란 자연과 하늘과 사람에 반하는 일종의 사악한 악령惡靈일 뿐"

이라는 결론을 마다하지 않는다. 지독하게 양심적인 결론이다.

이러한 결론을 바탕으로 정동섭은 지금 대한민국이 어느 방향으로 가고 있는지를 깨달아야 한다고 국민에게 외치고 있다. 신영복을 존경하고 남베트남이 패망했을 때 희열을 느꼈다는 대통령을 둔 나라, '정신적 월북자들'이 세상을 장악하고 국회가 사회주의를 지향하는 법들을 양산해 내는 나라, 그리고 언론방송들이 정치권력 견제를 포기한 나라가 가는 방향이 어디인지를 똑바로 알라고 목청을 높이고 있다. 젊은이들에게, 공산주의자들은 "인간은 완전한 존재이므로 스스로의 힘으로 지상에 이상사회를 구현할 수 있다"고 선전하고 "인간이 먼저"라는 구호를 앞세우면서 사람들을 현혹하여 막가파식 전체주의 사회를 만들어가는 자들임을 잊지 말라고 당부하고 있다. 특히, 하나님을 믿는 신앙인들을 향해서는 무신론적 주체사상과 유신론적 기독교 간 상충이 불가피하다는 사실, 다시 말해 종교란 저들에게 있어 '박멸 대상'일 뿐이라는 사실을 망각하지 말라고 경고하고 있다.

이 나라의 젊은이들에게 일독을 강력히 권하고 싶다. 대한민국의 뿌리와 역사를 제대로 배울 기회가 없었던 더 많은 젊은이가 이 책을 읽을수록 대한민국의 장래는 밝아질 것이다.

김태우
전 통일연구원장, 전 한국국방연구원 책임연구위원

지금의 대한민국을 어떻게 봐야 할까? 도대체 이 나라는 어디로 가고 있는가? 이 책은 이미 주류세력으로 등극한 좌파들의 내면에 무엇이 자리 잡고 있는지 그 사회심리적 배경을 명쾌하게 정리해 준다. 그리고 이들 세력의 뿌리가 한국 사회에 얼마나 뿌리 깊게 박혀있는지 그 개관을 보여줌으로써 나라가 바로 서려면 단순한 정치투쟁이 아니라 영적 전쟁을 해야 한다는 사실을 이 책은 깨닫게 해준다. 읽어보라. 가슴이 뜨거워질 것이다. 그리고 이 시점에서 우리가 무엇을 해야 할 것인지, 좌우 어느 쪽을 선택할 것인지를 알게 해줄 것이다.

추부길 Why Times 발행인 겸 편집인

문재인 대통령은 2017년 취임식에서 30가지가 넘는 약속을 했다. 특권과 반칙이 없는 사회를 만들고 한 번도 경험하지 못한 나라를 만들겠다고 했다. 우리 국민은 문재인 대통령의 4년이 특권과 반칙의 연속이었음을 기억하고 있다. 이 책의 저자 심리학자 정동섭 박사는 유병언이 종교를 빙자한 상습 사기범이라면, 문재인과 이재명은 '정치를 빙자한 상습 사기범'이라 불러도 좋은 만큼 거짓말을 많이 한 정치지도자라는 평가를 하고 있다. 반反대한민국 세력을 척결하고 우리나라를 자유민주 국가로 바로 세우기를 원하는 애국시민 모두에게 이 책을 추천해 마지않는다.

신혜식 신의 한수 대표, 신튜브 대표

'**내부고발자** whistleblower'라는 말이 회자되고 있다. 김태우라는 내부고발자가 청와대 내에서 있었던 일을 폭로하여 유재수 감찰 무마, 울산시장 선거비리 등의 실체가 드러났다. 이 책의 저자 정동섭 교수는 우리나라 현대사를 살아온 한명의 사회과학자(종교심리학자)로서 주체사상이라는 사이비종교가 우리나라의 안보, 경제, 외교, 문화, 교육 등 사회 현상 전반에 어떤 영향을 미치고 있는지를 예리하게 분석하고 있다. 공산주의가 선전 이론과 실천 이론의 이중 논리로 어떻게 지식인들을 미혹하는지를 예리하게 지적하고 있다. 우리나라가 왜 사회주의, 공산주의로 가는 대신에 자유민주주의, 시장경제 체제를 지켜야 하는지를 감동적으로 설득하고 있다. 이 책이 현 시국에 대한 독자의 올바른 상황판단에 도움을 주리라 믿어 기쁨으로 일독을 권한다.

공병호 공병호연구소 소장, 공병호TV 대표

정치와 경제는 함께 간다. 주체사상을 따르는 공산주의자들이 자유시장경제를 사회주의 경제로 변환시키고 있다. 심리학자 정동섭 교수는 우리나라 근현대사를 객관적으로 평가한 후에 왜 대한민국이 친북, 친중 노선을 버리고, 친미, 친일로 동맹을 강화해야 하는지, 왜 사회주의로 가면 안 되는지, 왜 자유민주주의 정체를 회복해야 하는지 알기 쉽게 설득하고 있다. 나라의 장래에 관심이 있는 모든 분들에게 일독을 권한다.

이봉규 정치학 박사, 이봉규 TV 대표

2016년부터 시작된 대한민국의 위기에 대해 수많은 단편적 분석과 문제 지적이 있었지만, 방향을 제시하는 책은 없었다. 저자는 이 책에서 대한민국의 근현대 역사를 전후좌우로 조명하면서 왜 우리가 이런 문제를 갖게 되었는지 그 흐름을 보여준다. 또한 공산주의의 배경이 되는 그 사상적 근원에 대해 검토하며, 주체사상의 종교성이 어떻게 우리에게 영향을 주고 있는지를 잘 보여준다. 이 책은 정신(사상)의 전쟁을 해야만 하는 영적 전쟁의 현실 속에서 이 전쟁의 본질이 무엇인지, 우리가 어떻게 싸워야 하는지에 대해 깊은 통찰력을 준다. 나는 좌파에서 우파로 전향한 교수로서 스스로 중도좌파라 고백하는 목회자와 신학생들에게 특별히 이 책을 정독해 보라고 권하고 싶다.

김철홍 교수 장로회신학대학교 한국복음주의신약학회 전 회장

소련 해체로1991년 위기감을 느낀 김일성이 인민군 고위 간부들에게 전쟁이 일어나서 지면 어떻게 하겠느냐고 물었다고 한다. 아무도 대답을 못하고 우물쭈물하고 있을 때 지켜보던 김정일이 이렇게 외쳤다. "조선이 없는 지구는 폭파해야 합니다!" 이는 극단적 사이비종교에 빠진 테러범과 같은 심리다. 북한 지도자의 이러한 종교적 심리를 고려하지 않은 대북관은 필패할 수밖에 없다. 그 주체사상이라는 사교(邪敎) 전체주의 이념은 이제 북한뿐 아니라 대한민국마저 인질로 잡아 망국으로 이끌고 있다. 이 책은 주체사상의 종교성과 심리학을 적나라하게 파헤쳐 우리 모두를 흔들어 깨우는 국민 계몽서이다.

조평세 북한학 박사, 트루스포럼 연구위원, 월간 월드 뷰 편집위원

상담심리학자 정동섭 교수는 우리나라 70여 년 근현대사를 김일성의 무신론적 공산주의와 이승만의 기독교에 뿌리를 둔 자유민주주의 사이의 영적 전쟁으로 본다. 그 싸움이 박헌영의 후예라 할 수 있는 문재인 주사파 586 운동권과 자유 우파 사이에 2017년 이후 재연되고 있다. 종북 주사파 정당은 5.18 역사왜곡금지법과 대북전단살포금지법 등 망국적인 법을 만들어, 종교의 자유를 저해하고 교회를 탄압하는 사회주의 국가로 만들고 있다. 우리는 현실을 제대로 인식해야 주사파 정권에 대응하고 자유민주주의 체제를 지켜낼 수 있다.

안희환 목사 예수비전성결교회, 안희환 TV 대표

정동섭 교수님은 내가 아는 가장 의협심이 강한 의인들 중 한 분이다. 그는 학자로서의 비교적 평온한 삶의 테두리를 박차고 나와 오랜 세월 사이비 이단과 목숨을 건 투쟁을 해왔다. 그는 이제 국가를 거짓된 주사파 이념으로부터 보호하는 일을 위해 선봉에 서 있다.

6.25 전쟁 이후 가장 큰 국가적 위기를 맞은 이 때에, '그리스도인이라면 국부 이승만처럼 순교의 각오로 좌파정권에 대항해 싸워야 한다'라고 피를 토하듯 말한다. 이 책은 주사파 정권의 서슬이 시퍼런 이러한 때에, 순교의 각오가 없이는 감히 쓸 수 없는 피로 쓴 책이다. 일반인뿐 아니라 전 세계의 한국교회들이 반드시 소장하고 우리와 우리의 후손들이 필독해야 할 책이다.

김홍기 목사 캐나다 밴쿠버 필그림교회 담임목사 Christ Lives 대표

프 · 롤 · 로 · 그

나는 왜 이 책을 쓰게 되었나?

21세기에 자주 등장하는 단어가 있다. 외상Trauma, 外傷이라는 말이다. 신체적 외상physical trauma은 과격하게 생겨난 상처 또는 손상으로, 신체적 및 심리적 흔적으로 이어진다. 정신적 외상psychic trauma은 정서에 영향을 끼치는 충격적인 경험으로, 지속적인 정신적 결과를 낳는데, 흔히 말하는 외상후 스트레스 장애post traumatic stress disorder로 분류되는 증상으로 이어진다. 모든 외상은 신체적, 정신적 상처를 남긴다.

나는 80평생을 살아오면서 수많은 외상을 경험했다. 첫 번째 외상은 내가 충청북도 두메산골에서 10남매 중 네 번째 아들로 태어났는데 대를 이을 자식이 없는 친척 아저씨가 5일 장이 설 때마다 "넷째 아들은 남아도는 아들인데 나한테 주시지요" 하며 우리 부모를 설득했다. 4살 때의 일로 기억하는데, 5일마다 '고니꼴 아저씨'에게 양자로 팔려 가는 위기를 겪었던 기억이 난다. '양자 미수사건'은 나에게 초기기억earliest memory으로, 첫 번째 외상으로 남아있다.

두 번째 외상은 아버지가 노름도박중독으로 전 재산을 날려 초등학교 5학년 1학기에 면소재지로 전학을 갔을 때 들이닥쳤다. 양자 사건으로 정서적 충격을 입은 나는 4학년 말에야 겨우 한글을 깨우쳤다. 새로 전학 간 학교의 학우들 앞에서 책을 제대로 읽지 못해 망신과 모욕 shame을 경험했다. 담임선생님은 "5학년 될 때까지 무엇을 하다 왔길래 책도 못 읽는 인간이 되었냐?"하고 남녀공학 학생들 앞에서 노를 발하셨다. 이것이 계기가 되어 나는 매일 책 읽는 연습을 했고, 세월이 흘러 결국 학자가 되었다.

대학생이 되어서는 사이비종교에 빠졌다가 탈퇴해 방황하다가 고 옥한흠 목사의 도움으로 회심하여 예수님을 영접하고 정통신앙을 갖게 되었다. 그후에 기독교 상담을 공부해 신학교 교수가 되었는데, 나는 구원파 교주 유병언으로부터 명예훼손 혐의로 18차례나 고소를 당했다. 모든 재판에서 승소했지만 수십 번 소송비용을 마련하고, 재판을 받는 과정은 외상적 스트레스로 각인되었다.

그러나 내 생애를 되돌아볼 때, 가장 큰 충격을 준 외상은 2018년 전후해 가까운 친구와 후배들로부터 받은 사상과 이념의 충돌로 인한 상처였다. 나는 사이비종교 전문가로서 2017년 문재인이 집권하면서 그의 소득주도성장, 탈원전 정책 등 사회주의 정책에 민감한 반응을 보이기 시작했다. 나는 신영복을 존경한다는 그의 고백에서, 그가 공산주의자라는 것을 직감했고, 하나의 지식인으로, 종교심리학자로서 전 국민에게 주체사상의 실체를 알려야 한다는 의무감에 [깨어나라 대한민국]이라는 책을 저술하여 배포하였다.

나는 목회자들이라면 당연히 공산주의와 주체사상을 반대할 것이라 생각하고, 김문수 TV, 추부길의 Why Times, 공병호 TV, 뉴스타운 등에 나가 주체사상의 실체를 방송으로 알렸다. 기독교인이라면 무신론, 유물론을 기반으로 하는 사회주의주체사상을 따르지 않을 것이라 기대하고 책을 배포하였다. 누구나 인정하는 대로 기독교와 공산주의는 양립할 수 없다. 기독교와 무신론 공산주의는 불구대천의 원수지간이다. 그러나 현실 공간에서 예상 밖의 반응이 돌아왔다.

나의 책을 받아본 어느 목사는 "어떻게 교수님이 주체사상을 비판할 수가 있습니까? 교수님은 [해방전후사의 인식]도 안 읽어보았습니까? 교수님은 이 책을 쓰심으로 인생 최대의 실수를 하셨습니다!"하며 나를 비판하였다. 수제자라고 자처하고 따르던 목사도 자신은 사회주의자라며 즉시 나와의 관계를 단절하였다. 제자 중에 한 여자 목사는 "국민이 뽑은 대통령을 왜 비판하십니까?"라며 격렬하게 항의하였다.

차츰 알게 된 것은 복음주의자라 알고 존경하던 손모, 김모, 홍모, 이모 등의 교수/목사들이 성서한국이라는 우산 아래 친북 좌파 활동을 하고 있다는 것이었다. 나는 고 옥한흠 목사를 통해 이단 구원파로부터 정통신앙으로 회심한 그리스도인으로서, 침례신학대학교와 Trinity복음주의신학교에서 공부한 상담학자로서, 연일 충격에 충격을 받았다. 이단과 맞서 싸우던 동역자들 가운데, 이재명을 지지하지 않는 내가 비정상적인 것처럼, 어떻게 그리스도인이 윤석열을 지지할 수 있느냐고 나에게 호전적 태도를 보이는 이들도 한 둘이 아니었다.

나는 교계에 친북 좌파가 많다는 현실에 충격을 받았다. 그야말로 한 사람 한 사람의 사회주의자, 친북, 종북주의적 태도에 충격에 충격을 받았다. 이렇게 누적된 충격과 스트레스는 나에게 심리적, 정서적, 정신적 트라우마trauma가 되었다.

2022년 가을 어느 날 아침 식사를 하다가 나는 뇌출혈로 정신을 잃고 말았다. 누적된 스트레스가 뇌출혈로 나타났던 것이다. 10분 정도를 완전히 의식을 잃었다가 깨어났다. 병원 의사는 나를 "만성 뇌경막하 출혈"이라고 진단했다. 이것이 급성으로 오면 강수연처럼 즉사할 수 있었으나, 만성이기 때문에 다시 소생할 수 있었다고 했다. 나는 두 달을 입원한 후 뇌의 좌우 측면에서 죽은 혈전을 뽑아내는 수술을 받고 정상을 회복하여 일상생활을 할 수 있게 되었다.

많은 시간 나는 하나님께 내 생명을 연장해 주신 이유를 물었다. 나는 이단 전문가로서, 반공주의자 건국 대통령 이승만의 심정으로 나라와 교회를 사랑하는 애국자로서 대한민국 국민이라면 왜 공산주의, 사회주의, 주체사상을 대적해야 하는지, 왜 그리스도인이라면 반공주의, 멸공주의자가 되어야 하는지를 설명하는 글을 쓰기로 했다. 나는 실족했으나 다시 일어났다. 하나님께서 나에게 회복 탄력성resilience을 주신 것이다.

이 책에 수록된 35편의 글은 2023년 3월부터 facebook에 1년에 걸쳐 연재했던 글이다. 수제자가 나에게 등을 돌린 대신 하나님께서 우파 제자를 조교로 붙여주셨다. 글을 편집하고 사진과 함께 올리는 일은 John Kim 전도사님께서 맡아주셨다. 아울러 이 책을 출간하는데 소요되는 수백만 원의 출판 비용은 침례신학대학교 신대원 7회 졸업생 회장 박영년 목사님께서 부담해 주셨다. 원고를 읽고 교정해 주신 방경석 집사님과 김정순 전도사님에게도 감사한 마음을 전한다.

김진홍 목사님은 대한민국 모든 국민이 존경하는 우파 애국 목사님이시다. 그는 빈민 선교도 하시고 유신체제에 반대하다 옥고를 치르신, 우리나라의 역사를 온몸으로 살아오신 종교지도자이시다. 나는 유튜브에서 그의 복음적인 설교를 들으며 자주 영감과 힘을 얻는다. 내가 존경하는 김형석 교수님, 김동길 교수님, 옥한흠 목사님, 김진홍 목사님, Gary Collins 박사라면 이 "주제"에 대해 무슨 말씀을 하셨을까를 물으며, 매주 글을 썼다. 매주 댓글로 격려해 주신 분들께 감사를 드린다.

　당신이 현재 종북 주사파, 좌파, 사회주의자라 하더라도 마음을 열고 읽어 주시기를 바란다. 공산주의는 이승만 초대 대통령, 빌리그래함 목사, 김준곤 목사, 한경직 목사, 레이건 대통령, 조용기 목사가 '위험하다'라고 차례로 경고한 파괴적인 미혹의 영이다. 고 한경직 목사님은 "공산주의는 요한계시록에 나오는 붉은 용"이라고 경고하셨다.

　신학자 프랜시스 쉐이퍼는 공산주의를 기독교가 맞서 싸워야 할 10대 종교로 규정한 바 있다. 공산주의는 개인과 가정과 나라를 파멸로 이끈다. 즉시 사망의 길에서 돌이켜 자유와 진리의 길로 돌이키라. 우리나라를 반공, 자유민주주의 국가로 건국하신 이승만 대통령에게 이 책을 바친다.

　사랑하고 존경합니다. 당신이 있어서 오늘의 부강한 대한민국이 있습니다.

2024년 3월 1일

정동섭

Part 1

인성이

지성보다

우선한다

첫째
선을 사랑하고
악은 미워해야 한다

　2023년 북한 인권보고서가 발표되었다. 북한이 기본인권을 무시하고 인민을 무자비하게 탄압한다는 것은 익히 들어 알고 있었지만, 북한의 국교인 주체사상이라는 종교가 이정도까지 수령숭배에 불순종하는 인민을 무자비하게 학대, 처형하는지 상상도 하지 못했다.

　창조주 하나님을 사랑하고 우상을 섬기지 말라. 우리가 지켜야 할 첫째 계명이다. 주체교는 사탄 숭배교로서 김일성 3대를 하나님으로 섬기는 종교다. 북한에서는 가장 큰 죄가 국가 존엄, 즉 수령을 모독하는 수령모독죄이다.

　살인하지 말라. 간음하지 말라. 도적질하지 말라. 탐내지 말라. 10계명은 전 인류에게 주신 도덕법이다. 하나님을 사랑하고 우상 숭배하지 말라는 것은 불신자와 이방인을 포함하는 전 인류에게 주신 항존법이다. 공산주의자들은 하나님 대신 사탄을 숭배한다. 공산주의는 현재 러시아, 중국, 북한, 쿠바, 베트남, 라오스를 포함하는 수십억 인구를 지배하고 있는 종교다. 현재까지 공산혁명에 반대하는 1억 명 이상을 반동분자로 몰아 살해했다. 이들은 유대기독교 세계관과 반대로 하나님의 존재를 부인하는 무신론, 물질이 정신을 지배한다는 유물론을 믿는다.

따라서 이들에게는 윤리 도덕이 없다. 하나님을 두려워하는 것이 없다. 지옥의 심판을 믿지 않는다. 그래서 김정은은 고모부, 형을 비롯해 수십 명을 파리 죽이듯이 죽였다. 프롤레타리아 독재, 노동자 해방, 혁명이라는 목표를 달성하기 위해서는 살인, 학대, 고문, 처형 등 수단 방법을 가리지 않는다. 반동분자로 낙인 찍히면 죽여버린다. 이번에 일반에 공개된 인권보고서는 인권탄압의 상징적 존재인 정치범 수용소와 함께 아동, 임신부에 대한 공개처형, 고문, 생체실험, 강제노동 등 북한 내 만연한 인권침해 실태를 총망라하고 있다.

북한이라는 나라는 김일성 3대에 대한 충성만이 허용되는 수령제일주의 국가로서 자유, 개혁개방을 상상할 수 없는 노예국가다. 저들의 국가 존재 목적은 남조선을 해방시키는 것이다. 하지만 노예 상태로부터 해방되어야 할 것은 북조선 인민들이다.

우리나라 근대사에서 공산주의의 실체를 제일 먼저 파악한 것은 건국의 아버지 이승만 박사였다. 양반계급 출신으로는 처음으로 기독교로 회심, 개종한 것도 이승만이었다. 항일 운동에 앞장서서 조국의 독립을 위해 투쟁하던 그는 해방 이후 자본주의, 시장경제에 반대하는 공산주의 정체를 정확히 간파하고 민주주의를 지키겠다는 신념으로 평생을 살았다.

1. 공산주의는 사유재산을 허용하지 않는다.
2. 종교/기독교를 탄압한다.
3. 가정을 파괴한다.
4. 지식계급을 없애려 한다.
5. 정부와 국가를 파괴한다.

지금도 김일성과 이승만의 싸움이 한반도에서 벌어지고 있다. 김일성의 주체교와 이승만의 기독교 간에 사상 전戰이 치열하게 진행되고 있다. 그때나 지금이나 기독교와 공산주의는 절대로 공존할 수 없다. 해방공간에서 김구, 여운형과 같은 민족주의 좌우합작론자들은 공산주의와 타협이 가능하다고 믿었다. 공산주의자들에 의해 동족상잔의 비극, 6.25 전쟁을 겪고서도 목회자NCCK와 신부정의구현사제단를 비롯한 종교인들 가운데 이른바 좌우 합작이, 기독교사회주의가 가능하다고 믿는 어리석은 사람들이 많다. 좌파와 우파 사이에 중도가 가능하다고 믿는 이들이 전라도 출신 목회자와 6·25를 겪지 않은 4, 50대에 특히 많은 것 같다.

얼마 전 진실화해위원회에서 1950년 9월 인천상륙작전의 성공으로 인민군이 후퇴하면서 학살한 기독교인만 최소 1,157명으로 집계한다고 발표했다. 조선, 동아일보의 보도를 통해서도 북한 인민군의 지시를 받은 좌익들이 "우익진영 군경 가족 암살단"을 조직하여 박병구씨

외 39명을 포함하여 도합 72명을 끌어내 산모퉁이에서 차례차례 도끼로 뒷머리를 때려 즉사케 한 뒤에 구덩이에 파묻었다는 것이 보도되었다. 논산 우곤감리교회 성도 김상옥씨 일가^{아들 딸 손주 포함} 32명은 좌익이 휘두른 삽과 죽창, 몽둥이, 괭이에 맞아 죽었다. 공산당은 김일성을 따르지 않는 기독교인들은 모두 반동분자로 처형 대상일 뿐이다.

대구 폭동, 제주 4·3 사건, 여순 반란 사건은 모두 빨치산 공비들에 의해 일어났다. 이승만 정권은 군경을 통해 빨갱이들을 진압했고 숙군작업을 통해 공산주의자들을 색출했다. 그리고 간첩을 저지하기 위해 국가보안법을 제정했다. 간첩을 잡아 처벌하는 이 법은 박근혜 대통령 때까지 잘 운용되다가, 문재인 정권에 와서 무력화되었다.

공산주의와 기독교는 물과 기름과 같아서 공존이 불가능하다. 민노총, 전교조, 주사파가 북한의 지령에 따라 윤석열 퇴진을 외치고, 광화문 세력이 주사파 척결, 자유 통일을 외치는 가운데 정면으로 대치하고 있다. 우리는 반공주의자 이승만, 박정희, 전두환, 이명박, 박근혜와 사상을 같이하는 윤석열 정권을 지지하거나, 공산주의, 친북 주사파를 지지하는 김대중, 노무현, 문재인의 김일성주의를 대변하는 이재명을 지지하든 어느 한쪽을 선택해야 한다. "나는 좌파도 아니고 우파도 아닌 무소속 중도"라는 분들은 어느 나라 사람인지 묻고 싶다.

어느 민족 누구게나 결단할 때 있나니, 참기독교과 거짓^{공산주의} 싸울 때에 어느 편에 설건가! 나는 공산주의가 싫다. 대한민국의 정통성이 김일성이 세운 북조선인민공화국에 있다고 믿는 이들은 "대한민국은 태어나서는 안 될 나라"라고 비하하고 있다. 나는 우리나라의 정통성이 1948년에 이승만 장로가 건국한 대한민국, UN이 공인한 한반도 유일의 합법 정부 대한민국에 있다고 믿는다. 그러나 종북 주사파들은 지금도 우리나라의 정통성이 김일성의 북조선 인민공화국에 있다고 믿고 있다.

사도 바울은 빛과 어두움, 의와 불법, 하나님의 성전과 우상이 어찌 사귀며 일치가 되겠느냐고 물었다고후 6:14-16.

나는 사탄의 화신 김정은이 통치하는 북조선을 미워하고, 하나님의 사람 이승만이 건국한 대한민국을 사랑한다. 나는 자유가 없는 나라 북조선에 태어나지 않고, 자유의 나라 대한민국에 태어난 것을 늘 감사하며 살아가고 있다.

다행인 것은 체제가 바뀌면서, 여당 지도자들이 제대로 된 인성의 소유자들이 요직을 차지했다는 것이다. 공정과 상식을 표방하는 윤석열과 한동훈의 리더십에 많은 국민이 지지를 보내고 있다. 이들은 학창 시절에 주체사상 운동권에 영향을 받지 않은 이들이다. 종교와 인성은 높은 상관관계가 있다. 김기현, 김문수, 원희룡, 태영호, 김재원 등은 모두 기독교인들이다. 우파 유튜버들 가운데는 공병호, 이봉규, 배승희, 이동호 등 기독교인들이 많다.

야당 의원 대부분은 기독교에서 파생된 이단 사이비종교, 주체사상 신봉자들이다. 더불어민주당 의원 70명이 민족의 정통성이 평양 정권에 있다고 믿는, 남한이 미국과 일본의 2중 식민지이며 정권은 어떤 독자성도 없는 식민지 총독부와 같다고 믿는 종북주사파라고 한다도명학 탈북작가. 주체교는 창조주 하나님이 아닌 김일성 3대를 하나님으로 숭배하고, 적화통일 즉 남조선해방을 달성하기 위해서는 거짓말, 조작, 선전 선동을 얼마든지 해도 된다는 게 기본교리다. 전교조, 민노총이 이 교리를 실천하고 있다.

자유 통일을 성취하기 위해서는 바른 인성을 갖춘 이들이 정치, 외교, 국방, 사법, 언론을 주도해야 한다. 선이 악을 이긴다. 시간이 걸리겠지만, 상식과 공정, 법치주의가 통하는 나라가 실현되리라 믿는다. 올바른 역사관과 국가관을 가진 똑똑하고 착한 인성의 소유자가 많이 필요한 때이다.

둘째
최연소 남파간첩이라는 문재인의 5년

한 번도 **경험**해 보지 **못한 나라**

공산주의자 문재인이 물러나고 윤석열 대통령이 취임한 후 1년이 훨씬 넘었다. 586 좌파가 저지른 죄는 한 두 가지가 아니다. 그가 남기고 간 '적폐'가 한 두 가지가 아닌데, 검찰 출신 대통령이 그를 법대로 처단하지 않고, 문재인과 이재명을 방관하고 있는 것을 자유 우파 국민이 답답해 하고 있다.

1987년을 기점으로 한 민주화 이후 87 체제의 좌파정권으로는 김대중, 노무현, 문재인 정권이 있다. 세 정권 모두 용공성과 반反대한민국 혐의가 있지만, 그중에서도 문재인 정권이 가장 노골적이고 조직적이었다. 공산주의자 문재인은 그의 사상적 멘토인 안토니오 그람시의 전략을 따라, 성 해방, 인권, 생태주의 같은 진보적 가치를 드높이며 진지전을 펴 행정, 언론, 교육, 문화, 노동계, 사법부를 장악했고, 촛불시위로 기동전을 펴 정권까지 장악했다.

최근 '사회정의를 바라는 전국교수모임'정교모을 대표하여 우리나라의 앞날을 걱정하는 14명의 교수들이 [문재인 흑서: 위선의 역사]라는 책을 출간해 큰 화제가 되고 있다.

이 책에서는 국가 정체성 파괴, 외교/국가안보 참사, 경제 파탄, 언론의 진실 왜곡 등의 문제를 종합적으로 다루고 있지만, 큰 틀에서 문재인의 반反대한민국 행적을 첫째로 판문점회담에서 김정은에게 직접 신경제구상과 발전소에 관한 내용이 담겼다고 하는 USB를 건네준 것, 둘째로 서해 공무원이 자진 월북했다고 조작한 것, 셋째로 국정원의 간첩수사기능을 무력화시킨 것을 들고 있다. 처음에는 국정원의 국내 파트를 없앴고, 다음에는 국정원의 간첩 수사를 무력화시켰으며, 마지막에는 아예 국정원의 대공수사권을 박탈했다.

그는 우리나라를 사회주의 국가로 만들어 낮은 단계 연방제 통일을 위해 북한에 바치는 것을 목표로 5년 동안 대한민국의 국익이 아니라 북한의 국익을 위해 정치를 하였다.

전 조선일보 주필을 하였던 언론인 류근일은 '문재인 5년은 이상야릇했다. 그는 5년 동안 온갖 해괴한 짓거리들을 다 했다'라고 썼다.

1. 김여정이 노발대발했다는 소리를 듣고 불과 4시간 만에 "대북전단살포 금지법"을 만들겠다고 했다. "김여정 하명법"이었다.
2. 사살 당한 "서해 공무원"이 월북을 기도했다고 조작했다.
3. 월성원전을 파괴해 한전의 전력 생산에 막대한 피해를 가져왔다.

4. 부동산, 물가 등 통계를 조작했다.

5. 탈북어부 2명을 강제 북송해 처형 당하게 했다.

6. 울산시장 선거에 개입해 자기 친구 송철호를 당선시켰다.

7. 전 세계를 돌며 김정은이 핵을 포기할 의향이 있다는 거짓
   말로 대북 제재를 풀어달라고 김정은 대변인 노릇을 했다.

8. 대북제재 중단, 종전선언, 유엔사 해체, 평화회담을 주장
   했다.

9. 소위 9.19 군사합의로 우리 울타리만 허물었다.

"문재인 5년"과 '이재명 현상'으로 인해 한반도 남과 북 양쪽은 다 프랑켄슈타인처럼 흉해졌다. 휴전선 이북엔 "수령제일주의 세습 사교" 집단이, 휴전선 이남엔 '종말론적 광신狂信'이 온통 휩쓸고 있다. 음습한 지하에 서식하며, 서로 감시하고 파문하고 짓누르는 사이비 종교 집단, 그들은 마치 자신들이 신판 구세주의 열두 제자라도 됐다는 양, 터무니없는 선민 특권의식에 절어있다 뉴데일리, 2023. 12. 13.

문제는 더불어민주당의 30%를 장악하고 있는 586 운동권 세력, 민노총, 전교조, 정의구현사제단 등 좌파 세력이 다음과 같은 비뚤어진 역사관으로 뭉쳐있다는 데 있다,

1. 대한민국은 태어나지 말았어야 할 반민족적 국가이다.

2. 한국은 미국의 신식민지이며 국가 정통성은 반일무장투쟁
   을 해온 북한에 있다.

3. 이승만, 박정희는 친일파였다.

4. 역사는 노동자가 주도하며 결국에는 노동자가 주인이 되는 세상이어야 한다.

5. 보수세력은 항상 재벌과 합작하여 민중을 탄압하는 정치 집단이다.

민주당과 좌파 세력은 여전히 북한을 변호하고 친중, 반미를 주장하면서 친 김정일, 친 김정은, 친 주사파적 태도를 버리지 않고 있다. 이런 시각으로 윤석열 정부의 한미일 외교정상화 노력에 대해 "외교 참사"라 규정하고 탄핵까지 거론하고 있다. 종교는 참으로 무서운 것이다. 586 운동권에게 주체사상은 철학이며 신앙이며 이데올로기^{이념}이다.

우리나라의 민주주의 발전 과정을 건물 짓는 것에 비유하자면, 이승만은 토지매입과 건축허가까지 한 것이고, 박정희는 부지조성공사에 건축공사와 준공검사까지 한 것이고, 김영삼 등 민간정부는 인테리어 공사와 건물등기를 한 것이다. 1987년 민주화 시위는 민주주의 발전 과정에서 인테리어 공사를 한 정도인데도 민주화의 모든 공적을 좌익 세력이 독차지하려고 한다^{허현준}.

하나님께서 우리 민족을 사랑하셔서 절체절명의 위기 상황에서 이승만 건국 대통령의 자유, 반공, 한미동맹, 자유시장경제 등의 비전을 그대로 구현할 대통령을 세워주셨다. 지금은 좌우를 떠나 대통령을 응원하고 격려하고 힘을 실어주어야 할 때이다.

셋째

탈북자 박학수의 간증

"윗동네에도 자유가 있다고?"

박학수는 50대 청년으로 내가 통일 운동을
하다가 [이승만 박사의 비전] 출판기념회에
서 만난 탈북청년이다. 최근 장로회신학대학
원을 졸업한 전도사이다. 그에게 북한실상에
대해 증언해 달라고 부탁했다.

과연 윗동네에는 자유가 있을까? 북한에 자유가 없다는 것
은 다 알고 있는 현실이다.

나는 북한을 떠나 자유의 땅, 대한민국으로 온 탈북민으로
서 내가 보고 겪은 것을 말하려고 한다.

1. 북한은 언론의 자유가 없다.

북한도 언론의 자유가 있다고 하지만 현실은 그렇지 않다.
나도 북한에 있을 때는 언론의 자유가 있다고 믿었지만, 우리에게는 언론의 자유가 없다는 것을 크면서 알게 되었다.

모든 것은 김일성, 김정일, 김정은의 사상과 어긋나서는 안 되며, 문화예술 부분도 마찬가지이다.

친구들과 만나 말을 할 때도 조심하며, 심지어 함께 사는 부부지간이라도 김일성, 김정일에 대해서 비방하는 말을 하면 안 된다. 부부가 죽는 날까지 함께 살면 문제가 없지만 다투거나 더 나아가서 이혼할 때, 보위부에 신고하면 그때는 교도소가 아닌 영원히 이 세상을 보지 못하는 관리소로^{정치범}_{수용소} 가야 하기 때문이다.

신문과 잡지들에 있는 김일성, 김정일 사진을 찢어도 마찬가지이다. 5호 담당 감시하는 체계를 만들어 놓아서 서로서로 믿을 수 없게 만들었다.

바로 북한은 나라 전체가 언론의 자유가 없는 정치범수용소이다.

2. 여행의 자유가 없다.

북한은 부모, 친척집에 가려고 해도 증명서가 있어야 한다.

증명서는 지방과 평양시, 국경 증명서가 모두 다르다. 도 안에서도 시와 군을 가려고 해도 증명서가 있어야 한다.

평양시에 가려고 하면 평양에서 승인 번호가 떨어져야 하며 증명서에는 사선으로 빨간 줄이 있으며 국경증명서는 파란 줄이 있다. 증명서 발급은 도, 시, 군, 구역 인민위원회 2부과에서 발급해 주는데 2부 지도원들은 보안원경찰들이다.

증명서를 발급 받으려면 많은 절차가 있다. 직장에 다니는 사람들은 자신이 가려는 여행 목적지와 왜 여행을 가려고 가는가에 대해 써야 하며 그것을 가지고 직장장의 사인을 받고 노동과인사과 과장의 사인을 받아 구역 2부에 가면 증명서를 발급해 준다.

지금은 돈이면 다 된다. 돈이면 못 하는 게 없다. 평양 증명서는 3만 원이면 발급받을 수 있다. 나도 평양 고모 집에 갈 때는 돈으로 증명서를 발급받는다. 결국 돈으로 증명서를 사는 것이다. 증명서 해 주는 사람들도 결국 국가의 것을 가지고 장사를 하는 것이다.

그렇다고 사람들이 다 증명서를 가지고 여행하는 것은 아니다. 부모나 친척 집으로 갈 때나 증명서를 가지고 다니지 대체로 장사하는 사람들은 불법으로 다닌다. 잡히면 벌금을 내고 다닌다. 또 열차 검열원보안원들을 끼고 다닌다. 결국 보안원들에게 담배, 또는 그들이 요구하는 것을 준다. 그렇지 않으면 여행자 노동단련대에 가서 15일이나 한 달 동안 단련대 생활을 해야 한다.

그렇다면 도로는 여행의 자유가 있는가? 그렇지도 않다. 열차보다 더 깐깐하다. 열차는 열차 검열원^{보안원}들에게 담배나 돈을 주면 눈을 감아 주지만 국경 연선으로 들어가는 도로들은 그렇지 않다.

함경북도는 무산군, 회령시, 온성군, 경원군, 경흥군, 라선시가 국경 연선이다. 청진에서 고무산에 도착하면 무산군과 회령시로 가는 열차와 도로는 갈라진다. 고무산에는 고무산 초소가 있으며 초소는 군인을 단속하는 보위 소대 초소와 보안원^{경찰}초소가 있다.

그리고 무산군으로 들어가기 전에 신창 10호 초소가 있다. 10호 초소 검열원들은 사회 보위부 보위 지도원들인데 군인들도 검열한다. 고무산에서 회령 방향으로는 전거리 역 가기 전 경원, 경흥 방향으로 도로가 갈라지는 곳이 있는데 그곳에는 6군단 보위 소대 초소가 있다.

온성까지 가는 도로에는 고무산 초소, 6군단 초소, 풍산 초소, 회령시에서 온성군으로 가는 입구에는 국경경비대 뱀골 초소, 회령과 온성군 경계, 즉 온성으로 들어서면 삼봉초소, 강안 초소, 온성에서 경원군으로 들어서면 국경경비대 황파초소가 있다.

국경으로 들어가는 첫 입구인 고무산 초소와 고무산 초소를 지나 있는 6군단 보위 소대 초소는 증명서가 아무리 정확

하더라도 의심스러우면 몸수색도 한다. 여자들도 예외가 없다. 나는 1993년 3월 23일 함경북도 온성군으로 열차를 타고 가다가 단속된 적이 있다. 단속된 이유는 단 하나 증명서가 없었기 때문이었다.

결국 여행의 자유, 이동의 자유는 국가의 승인 없이는 단한 걸음도 움직일 수 없다.

3. 직업 선택, 거주 이전의 자유가 없다.

북한은 고등중학교를 졸업하면 군대에 입대한다. 그리고 군대에 가지 못한 사람들은 자기가 하고 싶은 직업이나 직장에 갈 수 없다. 나의 선택이 아닌 국가의 선택이다. 그렇다고 군대에서 제대하고 오는 사람들도 예외가 될 수 없다. 최고 사령관, 즉 김정일이 보내는 곳으로 간다. 이것을 보고 무리 배치라고 한다.

나도 1991년 10월 15일 무리 배치로 청진으로 갔다. 제대할 때는 함경북도 라진시에 배치된다고 했는데 정작 청진시에 오니 함경북도 노동부에서 중요한 부분으로 배치되었다. 그때 인민무력부에서 제대한 군인은 총 5,000명이었다. 탄광, 광산, 농촌에 고향을 둔 사람들은 군대에서 나가도 자신들이 살던 고향으로 가야 한다. 대를 이어 살아야 한다. 다른 곳으로 가고 싶어도 가지 못한다. 직업을 바꾸려면 간부들에게 많은 예물을 바쳐야 한다. 거주 이전 선택의 자유 역시 같다. 결국은 북한 사람들은 자기가 나서 자란 곳에서 인생을 마감해야 한다.

이제부터 내가 직접 겪은 것을 이야기하려고 한다. 나는 제대한 1992년부터 탈북하던 2011년 7월 1일, 두만강을 넘던 때까지 총 세 번의 노동단련대 생활을 하였다. 1993년 3월 23일~4월 13일까지는 청진 여행자 노동단련대, 2007년 1월 31일에서 6월 12일까지는 청진 주택사업소 노동단련대, 2011년 4월 6일~4월 13일까지는 구역노동 단련대이다. 그리고 그로부터 두 달이 지난 2011년 7월 1일 탈북을 하였다.

청진 여행자 노동단련대 생활

청진에서 함경북도 온성군으로 열차를 타고 가던 도중 증명서 검열로 잡혔다. 온성군은 두만강이 있어 국경 지역이다. 수성~장흥, 그리고 고무산 역에서 무산 방향으로 갈 때, 고무산에서 회령으로 갈 때, 청진에서 라진시까지 4번 증명서 검열을 한다. 1993년 3월 23일 열차에서 단속된 사람들은 백여 명 정도, 열차에서 내리는 순간부터 하늘도, 앞도 볼 수 없으며 오직 땅만 볼 수 있다. 바로 죄인 취급한다.

무산에서 청진 가는 열차를 타고 청진역 검열원 방에서 다른 사람들은 벌금 내고 다 가고 세 사람만 수남구역 추평동에 있는 청진 여행자 노동단련대로 이송되었다.

단련대에서 주는 밥과 국은 돼지 뜨물인지, 강냉이를 마구 부신 것 같은, 입에서는 돌이 씹히는 밥에 국이라고 나오는 것은 염장 배추인데 씻지도 않은 새까만, 어떻게 이야기해야 할지 모르겠다. 나는 그날 밥도 안 먹고 2시 30분부터 5시까지 강도 높은 노동을 하였다. 허리 한번 펴지 않고 삽질을 하였다. 나는 21일 동안 여행자 노동단련대 생활을 하였지만, 23일에 2시간 30분 일한 것이 전부였다. 저녁밥을 먹고 호실에서 오락회를 할 때 단련대 내부 지도원비서이 들어와 오늘 신자들 손 들라 하더니 나를 보고 내일부터 경비를 서라고 하는 것이다. 이틀 후 나는 2반 반장으로, 그로부터 이틀 후에는 화목장으로 가는 총반장이 되었다.

경비를 서게 된 다음 날 새벽에 기상했는데 나에게 책임지고 사람들을 데리고 위생실화장실 청소를 하라는 것이다. 여러 명은 이미 전에 있던 사람들이니 청소를 어떻게 하는지 안다. 그러나 나와 함께 들어온 두 사람은 걸레도 없이 위생실을 청소했다. 재래식 변기이고 위생실은 물은 나오지 않는다. 그 변기 둘레에 묻은 것을 손가락으로 닦아내었다. 지금도 그것을 생각만 해도 끔찍하다.

단련대 안에서는 걸어 다닐 수 없다. 뛰어야 한다. 달려야 한다. 벽돌을 찍어 운반하는 작업인데 3월 말이고 추운 날씨건만 언제 추울 새가 없었다. 석탄재에 얼굴은 새까맣다. 나무하려 화목장으로 가서도 사람들은 통나무를 하루에 6대를 산에서 끌어내려야 한다. 정말이지 꼬리 없는 소다.

사업소 노동단련대 생활

나는 2007년 1월 31일~6월 12일까지 청진 주택사업소 노동단련대 생활을 하였다. 사업소에는 나를 비롯한 545명이 제대하여 무리로 배치되었다. 그런데 그때 한 사람이 집단 구타로 숨을 거두었으며, 단련대 책임자들로 나와 같이 제대한 김현석, 태광천은 함경북도 안전부 구류장에 잡혀갔는데 태광천은 진술에서 자기 잘못은 없고 김현석이 다 잘못하였다고, 남에게 죄를 뒤집어씌워 결국 그는 도 안전부 안에서 총살되었다. 김현석은 15년 형을 받고 함경북도 회령시 전거리 교도소에서 8년 감옥생활을 하고 대사령으로 감옥 문을 나섰다. 그래서 사업소는 그때 단련대를 해산하였다.

그리고 43세 젊은 지배인이 오면서 다시 사업소 노동단련대를 조직하였다. 바로 그렇게 조직된 것이 지금의 노동단련

대이다. 노동단련대 위치는 채석 직장 안에 있는 사업소 노
농적위대 병실을 임시로 썼다. 눈보라 쌩~쌩~ 불어대는 그
때 그 생활은 어떻게 말로 다 표현하겠는가?

새벽에 기상 소리와 함께 세수하려고 라북천 강으로 10분
을 달려가서 얼어붙은 강을 도끼로 까고 찬물, 얼음으로 세
수한다고 말하는 것이 맞을 것 같다. 그리고 꽉꽉 누르면 세
숟가락이 될까 말까 하는 옥수수밥을 먹고 40개의 기둥높이는
15미터, 둘레는 길이 120, 넓이 60을 정대와 함마를 가지고 3월 중
순까지 다 무너뜨렸다. 공구는 오직 정대와 함마이다.

그리고 청진 포항구역에 있는 도 병원 앞 살림집 건설장
에서 일했는데 밥을 먹을 때는 노래를 목청껏 불러야 한다.
몇 숟가락의 밥을 먹기 위해서이다. 그곳은 직장들도 많고
사람들이 많이 다니는 특히 출근기에는 더 복잡한 곳이다.
사람들도 많은 곳에서 아이들도 아닌 40대 사람들이 노래
를 부르는 것은 정말이지 죽기보다 싫었다. 노래를 부를 때
는 얼굴을 들 수가 없었다.

그곳에서 시멘트 내리던 날의 기억이 난다. 덤프트럭 25
톤을 우리 세 명이 빤쯔만 입고 내렸다. 다 내리니 지배인이
라는 자가 나에게 엄지손가락을 보이며 "학수, 잘해"라고 하
는 것이다. 북한은 노동하는 곳에 온전한 샤워 시설이 없다.

3월도 추운 날씨다. 수돗물이 나오는 바로 현장에서 온몸을 씻었다. 그 추운 날씨에 수돗물로 몸을 씻는데 추운 줄을 몰 랐다. 지금도 그때 왜 안 추웠는지 기억이 안 난다

구역노동 단련대 생활

2011년 4월 6일~13일까지 구역노동 단련대 생활을 했다. 그때는 단련대 담당 보안원에게 중국 돈 600원을 주고 단련 대에 필요한 물자를 구입하러 다녔다. 담당 보안원의 아들 돌 생일이었다. 중국 돈 100원은 북한 돈으로 4,500원이다. 쌀 1키로 2,500원, 강냉이 1,500원. 술 한 병 500원, 두부 한 모 500원 할 때이다. 그로부터 2개월 후인 2011년 7월 1일 탈북을 하였다.

내가 제일 힘들게 일한 곳은 사업소 노동단련대 생활이다. 사업소 노동단련대 생활과 구역 노동대 생활은 두 아이가 엄 마와 함께 여기 한국에 갔을 때이며, 나에게는 단 한 명도 면회 오는 사람이 없었다. 1994년 7월 8일 김일성이 죽은 후. "고난의 행군", "강행군"이 시작되었었다. 그때는 정말 많은 사람이 먹지 못해 굶어 죽었다. 출근하면 누가 세상을 떠났 다는 소리가 여기저기에서 들렸다.

너무 많은 사람이 죽어가니 그들에게 집관을 해 줄 널판자

도 없었다. 직장의 회의실 책상을 뜯어 만들고, 그것도 없으면 직장 사무실과 작업반실의 처마를 뜯었으며, 그것도 없으면 직파하였다. 또 장례를 치르는 문제이다. 처음에는 차들이 동원되었지만, 시간이 지나면서 돈이 없는 사람들은 차에 넣을 기름이 없어 구루마로 실어 나갔다. 집도 없으니 비닐로 둘둘 감아서 그대로 산에 가서 땅을 파고 직파했다.

먹을 쌀은 없지, 그러니 도둑들이 많이 생겼다. 공장과 아파트들의 변압기 안에 있는 동선을 뜯어내서 중국에 팔았다. 전주대에 올라가 동선을 끊어 팔았다.

공장의 기계 설비에 돈 된다는 것은 다 뜯어 장마당으로 중국으로 팔았다. 변압기와 동선을 끊은 사람들은 그때 시범적으로 총살도 했다. 내가 살던 청진시는 구역들에서 일주일 멀다하고 총살했다. 또 농장의 소들도 도둑질해 잡아먹었다. 라남구역에서는 한 번에 13명을 총살한 적도 있다. 라북 장마당 옆에는 라북천이 흐르는데 라남구역은 그 강가에서 총살을 한다. 인민반과 직장, 고등중학교는 제일 망나니들을 가보라고 한다. 사로청에서 조직사업을 해 사로청 지도원 선생들이 애들을 인솔해서 나온다.

제일 앞의 군중으로부터 총살당하는 사람의 거리는 불과 50미터 미만이다.

나와 같이 제대하고 같은 직장에 같은 조립반에서 일하는 김호철이 있었다. 그의 집은 라남구역 라흥동 산 밑에 있었다. 그때는 하루가 멀다 하고 장례차들이 호철이 사는 집 앞에서 산으로 올라갈 때이다. 그는 원산에서 온 형과 함께 먹을 것이 없으니, 밤에 도끼, 삽, 식칼을 가지고 산에 올라가 묘를 도굴해서는 옷과 사람의 썩지 않은 부분을 칼과 도끼로 짤라내어 그것을 집에서 삶아 먹었다. 사람고기만 먹을 수 없으니 그것을 불에 그슬려서 라북 시장에서 돼지고기 파는 장사꾼들에게 염소 고기라고 속여 넘겨주고 그 돈으로 쌀을 사서 밥을 해 먹었다.

　　결국은 염소 고기 사려고 나왔던 군인에게 발각되었다. 짐승 털은 세고 불에 그슬리면 털 구멍 자리가 표시가 나는데 사람의 털 구멍은 작게 보인다. 이것을 발견한 군관장교은 장마당 담당 보안원에게 알렸으며 그래서 잡혔다. 김호철이는 정말 말도 없고 조용한 사람이고 일도 잘하고 나무를 해 팔아서 하루하루 살았다. 어느 날부터 작업반에 출근하면 원산에서 온 형에 대해 말하며 투덜대는 것이다. 결국, 두 형제 역시 총살당했는데 집 부엌과 창고에는 사람의 뼈가 수두룩했다.

　　이처럼 "고난의 행군"과 "강행군" 시기는 사람을 잡아먹고 그것도 모자라 도람통에 절군 사람들도 있었다. 내가 다니던 청진 주택 건설사업소 채석 직장에 있던 사람은 라남역에 나와서는 빌어먹는 여자들에게 밥을 배불리 먹어주겠다고 하고는 자기 집으로 데리고 가서 밥을 먹이고 여자를 해 먹고 강간는 죽이고 각을 떠서 사람고기를 가마에 끓여서 먹고 그 것을 도람통에 소금으로 절군다. 그것도 한 번도 아니고 얼마나 많은 여성을 죽었으면 도람통에 하나 가득 채웠다.

그 당시에는 먹을 것이 없어 거리에서, 식당에서, 장마당에서 구걸하는 여자들을 유인해서 밥을 주고 강간하고 그것도 모자라 죽이고 각을 떠 도람통에 절인 사건은 어디서나 들려왔다.

그렇다면 군인들은 과연 나라를 지키는 군대가 맞는가? 아니면 강도인가?

나는 1984년 5월 2일 군대 입대하여 신병 교육이 끝나 강원도 김화군 원동리 치마 고개라는 곳에서 조선인민군 자행포 69포 여단 152 미리 자행포 중대에서 군 복무를 보냈다. 그때는 군 복무 10년 할 때인데 나는 정치 간부와 친분이 있는 것으로 8년을 하고 제대하였다. 그러나 나는 군 복무 중에 가장 귀중하고 소중한 왼쪽 눈을 잃었다.

1991년 1월 평양~희천 고속도로 건설장에 여단이 동원되어 평안남도 문덕군 어룡리에 숙소를 잡았으며 나도 방송원으로 있었다. 군대는 북한의 중요한 건설장에 다 동원된다. 그리고 2월에 집에 갔다 보름 만에 다시 부대로 돌아올 때였다. 평안남도 문덕군 립석역에 내려서 나는 숙소인 문덕군 어룡리로 걸어서 가고 있었다.

그때 나와 함께 두 명의 군인도 내 양옆에서 함께 웃으며 걸었다. 밤 10시가 지났으나 나는 군인들이기에 믿고 차가 다니는 도로까지 같이 걸었는데 얼마나 걸었을까? 갑자기 번개가 번쩍 일었다. 내 오른쪽 군인이 전지 뒤로 나의 오른쪽 눈을 때려서 나는 쓰려졌으며, 그들은 나의 배낭과 손목에서 시계를 가지고 사라졌다.

고속도로에 동원된 군인들이 배가 고프니 이렇게 열차에서 내리는 사람들과 개별적으로 밤에 짐을 가지고 다니는 사람들, 탈곡장, 개인 집들을 대상으로 강도 짓을 한다.

강원도 김화군, 평강군, 금강군, 창도군. 회양군의 인민들은 이렇게 말한다.

"군대는 나라를 지키고 인민은 군대를 지킨다."

그래서 군인이 마을을 지나갈 때면 "애야 강아지 보라"라고 말한다.

여성 군인들도 사정이 더하면 더하지 마찬가지이다. 1986년부터 군대는 식량 공급이 제대로 되지 않아 영양실조가 있었으며, 나와 함께 군에 입대한 자강도 희천시 시중리에서 온 김성철은 영양실조로 1986년 봄에 이 세상을 원망하며 떠났다. 2007년 함경북도 명천군 포하리칠보산 있는 마을 포하수산에서 오징어잡이를 할 때 해안 경비대 중대 사관장을 하던 김명호와 그의 아내를 만난 적이 있다. 그런데 그의 아내는 강원도에서 중대 정치지도원을 한 여성이었다. 그의 말에 의하면 여성 중대에도 식량이 공급되지 않아 여성 군인들의 생활이 어렵다고 한다. 얼마나 식량이 공급되지 않았으면 군인들이 생리를 못 하며 가슴은 아예 없다고 한다. 그러니 남자들은 군대 나가면 먹기 위해 개인 집을 털고 걸어가는 사람들과 차가 다니는 길목을 지키다가 적재함의 짐을 습격한다.

이토록 북한 전체가 힘겨운 나날을 보내는데, 김정일은 이 모든 것은 미국놈들이 경제 봉쇄로 우리나라를 고립시켰기 때문이라고 말하면서, 사탕 알은 없어도 살지만, 포탄이 없으면 못 산다면서 "우리 인민은 참 좋은 인민입니다"라고 위선적인 말로 인민들을 속이고 있었다.

지금 김정은을 보면 알 것이다. 인민들은 먹을 것도 없어 허덕이는데, 김정은이는 몇 년 사이 얼마나 살이 쪘는가? 김정은의 배가 나올수록 인민들의 뱃가죽은 등에 말라붙고, 굶주림에 허덕이는 인민들의 원한과 고통, 죽음의 소리는 여기까지 들려오고 있다.

내가 어릴 때 북한의 사람들은 남한을 나쁘게 보았고, 또 그렇게 교육을 받았지만, 지금은 우리 한국을 좋게 보며, 남과 북이 통일되길 바란다. 한국 드라마와 영화가 몰래 들어오고, 그것을 보면서 한국에 대해서 많이 알게 되었다. 나는 2003년부터 한국 드라마를 보았다. 제일 먼저 본 드라마는 "가을 동화"이다.

북한은 자유가 없는 곳이지만, 그보다도 인권이 없는 곳이다. 한용운 시인이 쓴 시 "나는 당신을 보았습니다"에는 이런 구절이 있다.

> 나는 갈고 심을 땅이 없으므로 추수가 없습니다.
> 저녁거리가 없어서 조나 감자를 꾸러 이웃집에 갔더니 주인은 "거지는 인격이 없다. 인격이 없는 사람은 생명이 없다. 너를 도와주는 것은 죄악이다"라고 말하였습니다.
> 그 말을 듣고 돌아나올 때에, 쏟아지는 눈물 속에서 당신을 보았습니다.

나는 집도 없고 다른 까닭을 겸하여 민적이 없다. "민적 없는 자는 인권이 없다. 인권이 없는 너에게 무슨 정조냐."하고 능욕하려는 장군이 있었다. 그렇다. 이 나라의 절반 땅인 윗동네 북한은 자유만 없는 것이 아니라 인권이 없는 독재 나라, 깡패국가이며 이것을 어찌 이 지구상에 있는 나라라고 말할 수 있겠는가? 내가 살아오고 35,000명의 우리 탈북민들이 살아온 고향, 지금도 그 땅에는 우리의 부모, 형제들과 2,500만의 주민들이 김정은의 통치 아래 철창 없는 감옥에서 죽지 못해 살아가고 있다.

바로 우리의 절반 땅, 내가 살아온 고향이 하루빨리 통일되어 북한도 우리 남한처럼 잘 사는 나라, 하나 된 대한민국 되길 바란다.

나는 통일을 위해 헌신하시고 투쟁하시는 우리 부천시 민주평통 위원님들께서 솔선 앞장서는 통일의 투사들 되시길 진심으로 바라고 원하며 소망한다. 감사합니다.

안녕히 다시 만나요

-1-

백두에서 한라로
우린 하나의 겨레
헤어져서 얼마냐
눈물 또한 얼마였던가
잘 있으라 다시 만나요
잘 가시라 다시 만나요
목 매어 소리칩니다
안녕히 다시 만나요

-2-

부모 형제 애타게
서로 찾고 부르며
통일아 오너라
불러 또한 몇 해였던가
잘 있으라 다시 만나요
잘 가시라 다시 만나요
목 매어 소리칩니다
안녕히 다시 만나요

꿈과 같이 만났다

우리 헤어져 가도

해와 별이 찬란한

통일의 날 다시 만나자

잘 있으라 다시 만나요

잘 가시라 다시 만나요

목 매어 소리칩니다

안녕히 다시 만나요

넷째
바른 인성을 갖춘
지도자가 요구되는 때이다

    지성보다 인성이다. IQ 보다 EQ가 더 중요하다. 머리가 좋고 똑똑한 것보다 다른 사람에게 공감 배려할 줄 아는 정서 지능이 중요하다는 말이다. 내가 지난 70여 년의 근현대사를 연구해본 바에 의하면, 지능지수와 감성지수가 똑같이 높았던 지도자는, 즉 균형 잡힌 인성을 갖추었던 지도자는 건국 대통령 이승만 박사였다. 그는 아시아권에서 최초로 국제정치학 박사학위를 취득한 천재 정치가였으며, 반공 포로를 석방하고 한미방위조약을 이끌어낸, 세계적으로 공산주의의 위험을 제일 먼저 간파한 지도자였다.

    우리 학교는 똑똑한 사람을 키우는 것보다 오히려 착한 사람을 많이 길러내야 한다. 지식교육에만 치중한 결과가 오늘날의 정치판으로 나타나고 있다. 생활 수준은 높아졌는데, 사악한 범죄가 계속 터지고 있다. 인성은 결국 도덕성이다. 요즈음 우리나라 정치권을 보면 양당의 지도자들이 인성-도덕성에서 어느 쪽이 도덕성에서 더 무너졌는지 서로 대결을 벌이는 것처럼 보인다. 여당에도 이준석, 유승민, 홍준표처럼 성상납, 배신, 비상시 골프 등으로 도덕성 때문에 지탄을 받는 인사가 있지만, 종북 주사파가 다수를 차지하고 있는 야당 지도자들은 인성과 도덕성에 심각한 문제가 있는 것으로 드러나고 있다.

정직, 진실성은 모든 도덕과 인성의 기본이다. 민주당의 김의겸은 대통령과 법무장관에 대한 터무니없는 가짜뉴스를 터뜨리고도 사과도 하지 않고 있다. 인천시장과 민주당 대표를 역임한 송영길의 돈봉투 탐심 정치, 김남국의 돈 따먹기, 김은경의 노인 폄하. 모두 망가진 인성의 표본을 보여주고 있다. 바른 인성은 잘못했을 때 책임지고 사과하는 것으로 나타난다. 민주당의 행태에는 그런 모습이 안 보인다.

나는 [인성수업이 답이다]라는 책을 쓴 '인성심리학자'이다. 나는 이 책에서 우리나라에 필요한 것은 지식교육이 아니라 인성교육, 성품교육, 도덕교육이라고 주장했다.

인성은 우리말에 사람됨을 지칭하는 것으로, 인성은 "한 사람의 생각과 감정, 행동의 총체적 표현"이라고 정의할 수 있다이영숙. 사람의 인성은 결국 그의 언행으로 드러나게 되어 있다.

요즈음 김은경 더불어민주당 혁신위원장과 그를 영입한 민주당 대표 이재명의 인성이 도마 위에 오르고 있다. 노인 폄하가 문제 증상으로 표출되고 있는데, 이런 가치가 형성되는 것도 가정이고 가정에서 형성된 인성은 사회생활을 통해 드러나게 마련이다.

인성교육과 도덕교육의 중요성을 뒤늦게 인식한 대한민국 국회는 2014년 여야 만장일치로 [인성교육진흥법]을 통과시켰다. 우리나라 인성교육법은 부모와 교사가 자녀와 학생들에게 심어줘야 할 핵심 가치와 덕목으로 예절, 효도, 정직, 책임, 존중, 배려, 소통, 협동 등을 내 세우고 있다.

종교심리학자이며 인성심리학자인 내가 볼 때는 김은경은 자기 남편에 대한 기본적 예절, 존중에 실패하여 그의 남편은 자살하였고, 시부모에게 효도하는 일에 실패하여 시아버지도 남편과 같은 방식으로 자살하였으며, 이번에 노인 폄하 발언에서 타인, 특히 웃어른을 배려하는 기본적 예절manner에도 못 미치는 인성을 소유하고 있는 것으로 드러났다. 정상적인 인성의 소유자라면, 책임을 지고 사퇴할 텐데, 그의 상관 이재명처럼 뻔뻔스레 버티고 있다.

그를 혁신위원장으로 선정한 이재명은 비슷한 인성을 지닌 것으로 여러 전문가들은 분석하고 있다. 자기 형은 정신병자로 몰아 자살하게 했고, 형수에게는 입에 담지 못할 쌍욕을 해 찟재명이라는 별명을 얻었고, 그의 언행에 스스로 책임지지 않으므로 김문기, 이상철 등 측근 5명은 자살했다. 그는 국가전복을 모의했던 이석기, 깡패 두목 등과 어울린 전과 4범이다. 정상적 인성을 가진 사람이라면 그에게 적용되고 있는 대북한 송금, 쌍방울 변호사비 대납, 대장동, 백현동 등과 연루된 범죄에 책임을 지고 당대표에서 물러나야 마땅한데, 오히려 검찰에서 소설을 쓰고 있다면서 자신의 수많은 범죄행각을 외면하고 뻔뻔스럽게 버티고 있다.

공산주의자들에게는 혁명과 정권탈취와 유지라는 목적이 무엇보다 중요하다. 마르크스는 "공산주의자는 윤리 도덕 따위는 절대로 설교하지 않는다"라고 말했다. 마르크스와 엥겔스는 "프롤레타리아는 법과 도덕과 종교를 부르주아의 편견"이라고 가르쳤다. "도덕 문제는 제처 두고 목표를 이룰 수 있는 수단이라면 혁명가는 무슨 수단을 써도 좋다. 온건해 보이는 수단이든 폭력적인 수단이든 상관없다"라는 것이 공산주의다. 그들은 실로 패역무도悖逆武道한 세력이다.

윤리 도덕은 매우 중요하다. 기독교에는 살인, 탐심, 간음, 거짓말을 금하는 10계명이 있고, 모두가 수긍할 수 있는 효도, 사랑하라는 윤리 도덕이 있다. 보수 우파에게는, 즉 반공주의 자유민주주의 추종 세력에게는 목표와 수단이 모두 선해야 한다.

그러나 주사파 종북세력에게는 선거에서 이기기 위해서는 투표를 조작해서 부정선거로 이겨도 괜찮다. 현 야당 편에서 범죄 덩어리 이재명 방탄에 마음을 함께 하는 전교조, 민노총, 민변, 김영수 사법부, 시민단체 등은 하나님을 두려워하지 않는 무신론적 인본주의자들이 대부분이다. 역사의 운영 실체는 하나님이 아니고 물질이라고 믿는다. 동성애 지지, 차별금지법에 교회 폐쇄법까지 발의하고 있는 더불어민주당이다. 당명부터 북한 간첩 신영복이 지어줬다고 문재인은 자랑하지 않았던가! 이들의 가치는 그람시의 문화막시즘에 그 뿌리를 두고 있는 것이다. 그들의 정책이나 언행을 보면, 10계명이나 대한민국의 법치, 양심, 인성의 지시를 따르는 것보다, 주체사상에 충성하는 자들에게 정치 사회적 생명영생을 수여한다고 하는 김일성김정은의 교시를 따르는 것이 더 중요한 것 같다.

이재명이 노무현 전 대통령의 뇌물 혐의에 대한 진실논두렁 시계을 출판한 이인규 전 중수부장을 향해 "인륜과 도리를 저버린 사람은 역사의 심판을 받는다"라고 해서 화제가 되고 있다. 이재명 비서실장을 했던 전형수씨가 최근 자살을 하면서 유서에 이재명을 향해 "이제 정치를 내려놓으십시오"란 내용을 담았다.

문재인, 추미애, 조국, 박지원, 김의겸, 이재명의 공통점은 인성이 무너졌다는 것이다. 인성은 인간이 갖춰야 하는 최소한의 인격적, 성품적 특성을 말한다. 인성, 덕성, 사람 됨됨이를 말한다. 대한민국은 그동안 지식교육에 치중하다 보니 인성교육을 소홀히 했다. 똑똑한 사람을 많이 배출 하는데는 성공했는데, 착한 사람, 인성을 제대로 갖춘 지도자를 만들어내지 못했다. 2014년에 제정한 인성교육진흥법에 의하면, 인성의 핵심가치 덕목은 예, 효, 정직, 책임, 존중, 배려, 소통, 협동 등의 마음가짐이나 사람됨태도이다.

현재 야당 지도자들 대부분은 똑똑하긴 한데, 인성을 갖춘 착한 이가 별로 없다. IQ는 높은 것 같은데 EQ가 낮은 것 같다. 거짓말을 하고 거짓 뉴스를 퍼뜨리고도 책임을 지려 하지 않는다. 김문수 지사의 지적처럼, 문재인 정권은 주체사상이라는 종교에 영향을 받은 이들주체교인, 김일성주의자이 많았다.

Part 2

가정을

파고하라

가정을 무너뜨리는
마르크스의 공산주의 사상

사상은 결과를 낳는다. 기독교 사회정치 사상가 막스 베버Max
Weber: 1864-1920가 한 말이다. 영국 공영방송인 BBC에서 지난 천 년
동안 가장 위대한 철학자로 선정되기도 했던 공산주의의 창시자 칼
마르크스는 "의식이 존재를 결정하는 것이 아니라 존재가 의식을 결정
한다"라는 의미심장한 말을 남겼다. 유물론적 세계관을 대변하는 말
이다. 생각하는 것이 인간을 결정짓는 것이 아니라 물질적, 경제적 구조
가 존재를 결정짓는다는 것이다. 마르크스는 말했다. "나는 경제가 모든
것을 규정한다고 믿는다."

인간의 모든 행동에는 사상적 원인이 있다. 기독교는 가족적인 종교
다. 이 세상에 존재하는 인간관계 가운데 가장 친밀한 관계는 부부
관계, 남편과 아내의 관계다.

"남자가 부모를 떠나 그의 아내와 연합하여 둘이 한 몸을 이룰지어
다"(창 2:24). 남편과 아내, 그리고 부모와 자녀 관계는 세상에 가장 친밀

하고 중요한 관계다. 가정이 화목하면 모두가 행복하다.

그런데 이러한 창조 질서와 유대·기독교적 도덕을 무너뜨리는 사상이 문화막시즘cultural Marxism이라는 이름으로 미국과 한국 사회를 잠식하고 있다. 이 사상은 "평등"과 "정의", "희망"과 "변화"를 약속한다. 정치적 올바름political correctness: 차별금지과 진보의 이름으로 배타보다는 포용을, 수입의 평등, 인종적 조화, 성적 자유를 말한다.

문화 막시스트들은 그람시의 진지전 전략에 따라 사회적, 정치적, 교육적, 종교적, 그리고 무엇보다 중요한 가정생활 등 다섯 가지 문화적 영역을 지배하려 한다. 마르크스는 새로운 경제적, 인종적, 도덕적 문화를 재건하기 위해서는 몇 가지 기초적인 기둥을 무너뜨려야 한다는 것을 알았다.

그들의 사상에 따르면, 이러한 변화를 가로막고 있는 것이 아버지, 어머니, 그리고 자녀로 이루어져 있는 핵가족nuclear family이다. 마르크스는 자연법과 기독교적 가치에 기반한 가족들이 이기적 탐심과 체계적 억압을 부채질한다고 가르쳤다. 마르크스적 평등의 이상을 실현하기 위해서는 이러한 가정이 먼저 해체되어야 한다고 주장한다.

핵가족이 마르크스 공산주의 실현에 장애물이 되는 이유는 부유한 가정의 자녀들이 부를 물려받고 가난한 가정의 자녀들이 그들의 가난을 대물림하기 때문이다. 해결책은 무엇인가? 만일 국가가 모든 재산과 부를 소유한다면 모든 부를 그 인민들에게 균등하게 분배할 수 있다는 것이다. 공산주의 사회가 이뤄지면 차등적 월급도, 불공평한 경제적 기회도 사라진다는 것이다.

칼 마르크스와 함께 [공산당 선언]Communist Manifesto을 저술한 프레드릭 엥겔스는 일부일처 핵가족은 자본주의와 함께 출현했다고 보았다. 자본주의 이전에는 부족사회에 계급이 없었으며, 자녀와 재산은 공동체 소유였고, 사람들은 성적 자유를 누렸다는 것이다. 마르크스주의자들은 성적 친밀감을 결혼언약 안에 부부관계에만 제한하는 것은 남자의 가부장적 지배를 유지하기 위해 종교유대기독교에서 창안한 것이라 주장한다. 하나님과 성경에 대한 믿음은결혼과 같은 사회적 제도와 함께 다양한 형태의 억압을 불러왔다고 주장 한다.

공산주의에서는 가정을, 아내가 남편에 의해 억압받고, 자녀가 부모에 의해 억압받는 단위로 인식하고 있다. 따라서 이들 억압의 뭉치들은 파쇄되어야 한다고 주장한다. 그래서 어머니들은 가정을 떠나 일터로 나가야 한다고 인식한다. 마르크스가 말했듯이, 역사를 조금이라도 아는 사람이라면, 커다란 사회적 변화는 여성의 소요feminine ferment 없이 불가능하다는 것을 안다. 사회적 진보는 오직 여성의 사회적 지위에 의해 측정될 수 있다는 것이다Erwin Lutzer.

여성의 소요: 여성의 소동feminie upheaval은 다양한 형태의 억압과 한 세대에서 다음 세대로 부를 물려주는 자본주의적 행태로부터 가정을 해방시키는 열쇠가 된다. 어머니들은 타인이 아이들을 키우도록 격려받아야 한다. 가정에 머물러있는 엄마들은 결국 남편에게 굴종하는 삶을 살고 너무 쉽게 만족하게 되지 않는가! 만일 그들의 불만을 해소시킬 수만 있다면, 그들은 그 모성적 본능을 억누르고 집 밖으로 뛰쳐나가 일터로 들어갈 수 있을 것이다. 이것은 해방과 평등을 향한 유인책으로 '판매'할 수 있을 것이다.

어머니들이 노동 현장에 뛰어드는 혜택은 그들의 자녀들이 국가가 운영하는 돌봄센터와 학교에 다니면서, 창조론, 교회, 그리고 성경의 오류에 대해 배울 수 있다고 공산주의자는 주장한다. 자녀들은 자본주의의 해악에 대해 배우게 되고, 사회주의의 혜택강점과 경제적 평등에 대해 배울 수 있게 된다. 이것이 현실로 이뤄지게 하기 위해서는, 자녀 교육을 부모의 손에서 탈취해 국가의 손에 맡겨져야 한다는 것이다.

마르크시즘은 정부가 경제를 영속적으로 통제하고 요람에서 무덤까지 재정적 안정을 제공한다고 약속한다. 공산주의는 북한에서 하고 있는 것과 같이 정부 주도 경제 아래, 보건의료, 무료 대학등록금, 편안한 노후를 약속한다_지난 정권은 우리나라를 모든 것을 나라가 책임지는 사회주의국가로 만들려고 시도했다. 그러나 이러한 사회주의는 베네수엘라와 그리스의 경우처럼 절대로 실현될 수 없다.

공산주의 사상은 그 열매와 결과가 삶의 현실에 맞지 않는 허구라는 것을 역사는 보여주고 있다. 대한민국의 국부건국의 아버지 이승만 박사가 70여 년 전에 이 땅에 도입한 자본주의, 자유시장경제, 자유민주주의, 기독교적 가치자유, 평등, 청지기 정신가 행복과 번영으로 가는 지름길임을 보여주고 있다. 김일성의 공산주의는 비참하게 실패했다.

무신론에 기반한 물질주의, 진화론보다는 하나님과 성경, 창조론을 따르는 기독교 사상이 개인이나 나라를 "의와 평강과 희락"으로 인도한다는 것을 역사는 증언하고 있다. 하나님을 사랑하고, 제일 가까운 이웃인 가족부부, 자녀 부터 사랑하고, 무엇보다 나라를 사랑하자. 이것이 우리 모두를 향한 하나님 아버지의 뜻이다.

동성애Homosexuality를
왜 막아야 하나

　전문가들은 건강한 순기능 가정은 5% 정도밖에 안 된다고 한다. 나는 노래도 웃음도 없는 역기능 가정에서 자라났다. 아버지는 외롭게 자라난 '바깥양반'이었고, 어머니는 하녀처럼 대우받는 '안 사람'이었다. 내가 경험한 부모님의 관계는 수직적인 주종관계였다. 유교 문화 속에 우리 동네 다른 부부들도 남존여비 질서를 따라 남자는 바깥양반, 여자는 안사람의 생활을 이어갔다. 유교 문화는 윗사람 중심으로 운영되었다.

　결혼은 하나님이 만드신 첫 번째 제도다. 무신론자도 결혼하고, 이슬람 교인도 결혼하고, 공산주의자도, 힌두교인도 결혼한다. 남자와 여자가 하나님과 친지와 가족들 앞에서 결혼 서약을 하면, 부부는 성적 파트너가 되고, 서로 돕는 동반자, 친구, soul mate가 된다. 장가 들고 시집 가는 것은 지상 모든 나라의 관행으로 창조질서에 속하는 것이다.

　남자는 부모를 떠나 '아내와 연합하여 한 몸을 이루라'고 하였다.

우리나라 대법원의 전원합의체 판결은 "혼인결혼은 1남 1녀 간의 정신적, 육체적 결합"이라고 판시하였다. 헌법 36조 1항은 "혼인과 가족생활은 개인의 존엄과 양성의 평등을 기초로 설립되고 유지되어야 하며, 국가는 이를 보장한다"라고 규정하고 있다.

나는 '공자의 제자'로 가부장적 남편으로 아내 위에 군림하다가, 34세에 예수님의 제자가 되면서, "그리스도를 경외함으로 피차 복종하고 피차 사랑하는" 현대판 브리스길라와 아굴라가 되었다. 위계질서 결혼을 뒤로하고 동반자, 우애 관계를 누린지 오래다.

결혼은 어느 나라에서나 가장 기본적인 창조질서에 속하는 것이다. 그런데 이 창조질서를 무너뜨리려는 현상이 21세기 문명사회를 어지럽게 하고 있다. 동성애와 동성혼을 인간의 기본인권에 속한다며 이를 합법화하려는 운동이 성소수자를 차별 금지한다는 이름으로 전개되고 있다. 가까운 이웃 나라 일본에서 동성혼을 인정하는 차별금지법이 통과되었다 하여 화제가 되고 있다.

우리나라에서도 퀴어 축제, 동성애, LGBTLesbian, Gay, Bisexual, Transgender가 사회생태계를 어지럽게 한 지 오래되었다. 나는 가정사역자로서, 상담학자로서, 이단 전문가로 왜 차별금지법 제정을 막아야 하는지를 간략하게 요약 진술해 보겠다.

1. 첫째, 나는 동성애는 하나님의 창조질서에 어긋나는 것이기 때문에 이를 반대한다. 동성애는 성경적으로 악한 죄에

해당한다.

"너는 여자와 동침함 같이 남자와 동침하지 말라 이는 가증한 일이니라"(레위기 18:22)
"누구든지 여인과 동침하듯 남자와 동침하면 둘 다 가증한 일을 행함인즉 반드시 죽일지니 자기의 피가 자기에게로 돌아가리라"(레위기 20:13)

남녀가 결혼하여 동침하여 자녀를 생산하여 생육하고 번성하는 것은 창조질서에 속하는 것이다. 동성애는 죄악이며 회개하고 치료할 수 있는 병이다. 이들을 성소수자로 차별하지 말라고 하는 법은 창조질서를 근본적으로 흔드는 악법 중의 악법이며 하나님이 정해준 기준율법을 믿는 우리는 이러한 악법이 제정되는 것을 막아야 한다.

동성애는 신학적, 윤리적, 도덕적, 종교적, 목회적으로 하나님의 규범에서 벗어난 범법, 이탈 행위이다. 동성 간의 성행위를 금하는 것은 10계명과 함께 모든 인류에게 주어진 영구불변의 도덕법이다. 동성애를 비롯해 음행의 죄가 난무할 때 소돔과 고모라와 같은 하나님의 심판이 있었다.

2. 둘째, 동성애는 구속 질서에도 반하는 것이다. 사도 바울도 동성애를 죄라고 언급하고 있다.

"이 때문에 하나님께서 그들을 부끄러운 욕심에 내버려 두셨으니 곧 그들의 여자들도 순리대로 쓸 것을 바꾸어 역리로 쓰며 그와 같이 남자들도 순리대로 여자 쓰기를 버리고 서로 향하여 음욕이 불 일듯 하매 남자가 남자와 더불어 부끄러운 일을 행하여 그들의 그릇됨에 상당한 보응을 그들 자신이 받았느니라"(로마서 1:26~27)

"불의한 자가 하나님의 나라를 유업으로 받지 못할 줄을 알지 못하느냐 미혹을 받지 말라 음행하는 자나 우상 숭배하는 자나 간음하는 자나 탐색하는 자나 남색하는 자나 도적이나 탐욕을 부리는 자나 술 취하는 자나 모욕하는 자나 속여 빼앗는 자들은 하나님의 나라를 유업으로 받지 못하리라"(고린도전서 6:9~10)

"알 것은 이것이니 율법은 옳은 사람을 위하여 세운 것이 아니요 오직 불법한 자와 복종하지 아니하는 자와 경건하지 아니한 자와 죄인과 거룩하지 아니한 자와 망령된 자와 아버지를 죽이는 자와 어머니를 죽이는 자와 살인하는 자며 음행하는 자와 남색하는 자와 인신 매매를 하는 자와 거짓말하는 자와 거짓 맹세하는 자와 기타 바른 교훈을 거스르는 자를 위함이니"(디모데전서 1:9~10)

결혼 밖의 부도덕한 성관계는 하나님의 뜻을 거스르는 가증한 죄악이다. 시대가 변했다고 하나님의 뜻이 바뀌지 않는다. 동성애자 안수 문제를 두고 장로, 감리교단이 분열되고 있다. 하나님은 분명히 남색하는 자들은 하나님 나라를 유업으로 받지 못한다고 말하고 있다. 기독교가 공산주의를 용인할 수 없는 것처럼, 타락한 교회가 아니라면 동성애를 지지할 수 없다.

3. 셋째, 남녀가 순리대로 성관계를 하지 않고 역리로 unnaturally 남자가 남자와 관계를 하고 여자가 여자와 관계를 하면 의학적으로 부작용을 겪게 된다.

남자가 남자와 더불어, 여자가 여자와 더불어 하는 성행위는 구조적으로 가능하지 않다. 역리는 남자와 남자, 여자와 여자끼리 하는 부도덕한 성관계를 일컫는 것이다. 남성 동성애자는 항문성교를 하는데, 항문은 성기관이 아니고 배설기관이다. 병균과 바이러스가 가장 많아 항문에 성행위를 함으로써 치질, 치열, 직장암, 성병 등이 생기며, 간염, 에이즈도 잘 전염된다. 동성애자들에 우울증, 불안장애, 자살, 약물 남용 등 정신 건강문제도 많다. 비유로 말하면, 동성애는 코로 밥을 먹는 것과 비슷하다. 남녀 간의 순리로 이뤄지는 관계가 아닌 항문성교, 구강성교 등으로 발생하는 불치의 병 98%가 주로 동성애자들에 의해 발생한다.

4. 1973년까지 동성애는 미국정신의학편람DSM에서 치료받아야할 정신장애로 다루어지다가 동성애자들의 폭력시위

에 밀려 정신과 의사들 58%가 동성애는 정신장애가 아니
라는 데 투표함으로서 동성애는 DSM-Ⅲ 목록에서 사라지
게 되었다.

동성애는 유전되는 것이 아니다. 동성애자들도 회개하고 치료받아
이성애자로 자유와 축복을 누릴 수 있다. 동성애는 하나님이 진노하시
는 범죄이며 구약시대에는 사형에 해당하던 죄였다.

소도마잇Sodomite은 동성애자들을 가리킨다. 소돔과 고모라는 물론,
로마제국도 음란, 간음, 동성애 등 온갖 음행이 범람한 것이 멸망의 원
인이었다. 하나님의 말씀을 따라 가정과 교회와 나라를 지키려는 그리
스도인이라면, 동성애를 합법화하려는 일체의 시도를 온몸으로 막아
야 한다.

"낮에와 같이 단정히 행하고 방탕하거나 술 취하지 말며 음
란하거나 호색하지 말며 다투거나 시기하지 말고 오직 주 예
수 그리스도로 옷 입고 정욕을 위하여 육신의 일을 도모하지
말라"(로마서 13:13~14)

셋째
성전환, 낙태, 동성애 교육이

순리적인가

　공산주의의 창시자 칼 마르크스는 서구에서 공산주의 혁명이 일어
나지 않는 이유를 기독교적 가족제도와 사유재산 때문이라고 보았다.
그래서 일부일처제를 촌충 같다고 비난하며, 가족을 해체해야 한다고
주장했다. 1917년 볼셰비키 혁명 후 여성부 장관을 맡은 알렉산드라
콜론타이는 마르크스의 주장을 실천으로 옮겼다.

　"혁명은 국가만이 아니라 가족까지 해체해야 한다. 결혼과 가족관계
는 소유권에 바탕을 둔 억압적이고 이기적인 과거의 유물이다. 목마를
때 우리가 자유롭게 물을 마시는 것처럼 성적 갈증도 아무나 하고 자
유롭게 사랑할 수 있어야 한다."

　성적 욕구 분출이 '물 한 잔' 먹는 것과 같이 자유로워야 한다는 이
론을 제시했다. 또 이혼을 아주 쉽고 자유롭게 할 수 있도록 했으며 동
성애, 간통, 낙태, 성전환, 근친상간을 합법화하였다. 공산주의 혁명이
바로 성 혁명임을 각인시켰다.

요즘 펜싱 국가대표 출신 남현희와 그의 결혼 상대였다가 사기와 사기미수 혐의로 체포된 전청조가 세간의 화제가 되고 있다. 남현희는 전씨를 사기, 협박, 스토킹, 주거침입 등의 혐의로 고소했다고 한다.

　　두 사람 사이에는 결혼 가능성을 두고 갈등하면서 성과 돈이 문제가 되었다. 전씨는 자기를 재벌 3세라고 속였고, 자신의 성별을 남성과 여성을 넘나들며 사기를 쳤다. 명품 가방을 선물하며 자기 신분을 속인 적이 있으며, 남씨 중학생 조카를 골프채로 폭행했다는 혐의도 받고 있다.

　　우리는 모두 남자 아니면 여자로 태어난다. 우리가 갖게 되는 첫 번째 정체성은 남자 아니면 여자다. 우리는 성적인 존재다. 성은 인간 됨의 기초를 이루고 있다. 천사들은 무성적인 존재일지 모르나, 하나님은 우리 인간을 남자와 여자로 만들었다(창 1:26-27).

　　나아가 우리는 성적인 존재일 뿐 아니라 모두가 특정한 성적 성향을 가지고 있다. 모든 인간은 오직 이성에게만 매력을 느끼는 이성애 성향에서부터 오직 동성에게만 매력을 느끼는 동성애 성향까지 유동적 성적 성향이 퍼져있다. 미국의 경우, 평생을 오직 동성애자로만 산 남성의 수치는 4%이며, 동성애 생활을 꾸준히 해온 사람의 숫자는 0.6-0.7%였다. 우리나라는 1% 미만으로 알려져 있다.

　　우리 모두는 죄인이다. 우리는 타락한 아담의 후손으로 연약하여 쉽게 유혹을 받는다. 우리는 순례의 길을 가는 동안, 이 세상, 육신 그리고 마귀와 끊임없는 싸움을 하고 있다. 전적 타락total depravity의 교리는 인간의 모든 영역이 죄로 인해 오염되고 왜곡되었다고 주장하는데,

성 또한 예외가 아니다. 성에 대한 하나님의 완전한 이상에서 벗어나는 음탕한 생각을 한 번도 하지 않은 사람은 하나도 없을 것이다. 성경은 말한다.

> "모든 사람은 결혼을 귀히 여기고 침소를 더럽히지 않게 하라 음행하는 자들과 간음하는 자들을 하나님이 심판하시리라"(히 13:4).
> "속에서 곧 사람의 마음에서 나오는 것은 악한 생각 곧 음란과 도둑질과 살인과 간음과 탐욕과 악독과 속임과 음탕과 질투와 비방과 교만과 우매함이니 이 모든 악한 것이 다 속에서 나와서 사람을 더럽게 하느니라"(막 7:21~23)

최근에 "반헌법적인 젠더 이데올로기와 네오막시즘에 기반한 국가 인권정책 기본계획NAP을 전면 개정, 중단해 달라"라는 공익광고가 모든 언론을 도배한 적이 있다.

젠더 이데올로기란 신체에 나타난 성sex과는 상관없이 사람의 성별을 50여 가지 중에서 마음대로 선택할 수 있다는 것이며, 네오막시즘은 자본가에 대한 노동자의 투쟁처럼, 남성과 여성, 성 다수자와 성 소수자, 교사와 학생 등의 투쟁을 조장하는 주장이다.

역사적으로 동성애 운동과 페미니즘의 배후에는 무신론자 프로이드와 마르크스의 공산주의와 그람시의 네오막시즘이 있다. 무신론, 유물론, 진화론을 공통 기반으로 하는 이들의 목표는 전통적 기독교 윤리

체계를 무너뜨리는 것, 즉 가정과 교회와 국가를 해체하는 것이다^{이정훈, 민성길, 박광서}.

레위기에서 동성 간의 동침을 가증하다고 하신 말씀은 다른 해석의 여지가 없다. 모든 종류의 동성애 성관계를 금지한다는 것이다. 그리고 그 댓가가 죽음이었다고 하는 사실은 동성애 행위가 얼마나 심각하게 여겨졌는지를 보여준다.

남자가 여자와 관계하는 것은 순리적^{natural}이다. 하나님이 창조하신 질서를 따르는 것이기 때문이다. 이성애 성향을 가지고 있으면서도 동성애 행위에 탐닉하는 사람은 역리^{unnatural}로 행하는 것이다.

현재 우리나라에서 전교조와 민노총 등 종북 주사파는 북한에서 심어주는 관점을 따라 역리적 역사관과 전제를 가지고 사회질서를 유린하고 있다.

1. 주한미군은 철수해야한다. 대한민국이 미제의 식민지라는 가정 아래 주장하지만 한국은 주권국가로서 누구의 식민지도 아니다

2. 남성은 유교적 가부장제의 가해자이고 여성은 피해자이다.

3. 프로이드의 주장처럼 성적 억압이 신경증을 비롯한 모든 정신장애의 원인이다.

4. 영아살해, 낙태는 인권에 속하는 것이고 죄가 아니다.

5. 한국 사회에 남녀갈등과 성별 불평등이 심각하다. 이것은 잘못된 전제이다. 한국의 성평등지수는 세계 10위이고, 아시아에서는 1위를 차지하고 있다

6. 여성은 태어나는 것이 아니라, 만들어지는 것이다. 여성이 억압된 사회에서 진정한 자유를 얻기 위해서는 임신과 출산의 압제에서 벗어나야 한다.

위와 같이 비현실적이고 역리적이며 반역적인 전제를 깔고, 문재인 정부는 나라를 사회주의화한다는 정치적 목적으로 마르크스주의와 맞닿아 있는 급진적 페니니즘과 젠더 이데올로기, 포괄적 성교육을 밀어붙인 바 있다.

포괄적 성교육은 성과 관련된 모든 내용을 교육한다는 목표 아래, 청소년이 자유롭게 성관계를 할 수 있는 '성적 자기결정권'을 인정하고 콘돔과 피임약을 권장하는 '세이프 섹스 교육'safe sex education을 시행했다. 나아가 항문성교를 포함한 동성 간의 성행위를 정상적 행위로 가르치고 '재생산권'이라는 이름으로 '마음대로 낙태할 권리'를 가르치며 수십 개에 달하는 '성적 욕망'을 정체성으로 인식하게 하는 '성별 정체성', '성적지향', '다양한 성'을 학생 인권과 다양성으로 가르쳤다.

포괄적 성교육은 동의를 전제로 한 청소년들의 성행위를 성적 자기결정권으로 가르친다. 성에 대한 조기 노출이 초래하는 위기 임신에 빠진 여학생들이 마음대로 낙태할 권리를 달라고 외치기도 하고, 아기를 낳아 쓰레기통에, 화장실 변기나 야산에 버리는 영아 유기범이 되기도 한다. 그러나 이러한 여학생들의 삶에 대한 책임은 누가 지는가? 피임약과 낙태의 부작용에 따르는 모든 책임은 결국 오롯이 아이들이 져야만 한다. 포괄적 성교육은 아이들에게 성행위가 단순히 즐거운 놀

이인 것처럼 가르치고 성행위에 따르는 결과들에 대한 책임은 배제하고 있다.

남자와 여자가 완전히 동등한 유토피아는 이 세상에서 결코 실현되지 않는다. 급진적 페미니즘 교육으로 남성이 역차별을 당하고 있다. 지금까지 여성가족부에서 추진해 오던 마르크스주의 이념에 기반을 둔 포괄적 성교육은 재고 되어야 한다. 성에 대한 인지적, 정서적, 신체적, 사회적 측면에 대해서 배우는 교육과정으로 아동과 청소년에게 건강과 복지, 존엄성에 대한 인식능력, 존중을 기반으로 하는 사회적, 성적 관계형성능력, 권리에 대한 이해와 보호 능력을 높이는 지식, 태도, 가치를 갖추게 하는 교육이 필요하다.

다양성에 기반하여 청소년이 향후 타인과 원만하게 관계를 맺고 살아가기 위해 남녀역할이나 남녀관계에 대한 생물학적 성만을 다뤘던 기존의 성sex교육에서 벗어나, 인권과 성평등의 도덕적 개념을 포괄하는 교육으로 전환해야 할 것이다. 동성애, 낙태, 성전환을 인권이라고 가르치는 교육은 중단되어야 한다. 인권은 죄를 지을 수 있는 권리가 아니다.

남자와 여자는 둘 다 하나님의 형상대로 지음을 받았다. 인격적 가치는 동등하지만 역할과 기능이 다를 수 있다. "그리스도를 경외함으로 피차 복종하라"(엡 5:21)는 것이 하나님의 말씀이다. 남자와 여자의 관계는 피차 복종하고 서로 보완해야 하는 아름다운 관계이다. 남자와 여자의 관계는 적대적인 관계가 아니다.

넷째
돈money과 성sex
중요하지만 **오용될 수 있다**

돈은 성性과 같다. 그것이 좋은지 나쁜지는 당신이 그것을 어떻게 사용하는지에 달려있다Max Hickerson. 돈은 좋은 것이고 중요한 것이다. 옛날이나 지금이나 우리는 돈 없이 살 수 없다. 하지만 돈을 사랑하는 것, 탐심은 일만 악근심과 걱정, 탐욕의 뿌리라고 했다. 서둘러 부자가 되려는 자는 그의 슬픔이 배가倍加된다. 돈은 거름더미와 같다. 쌓아두면 부패한다. 주변에 퍼뜨리면 사물이 자라나게 한다. 돈을 남을 위해 쓸 때 우리는 행복해진다. 도둑질하지 말라, 탐내지 말라는 계명은 모두 돈과 관련된 계명이다. 지혜자는 기도했다.

'나를 가난하게도 마옵시고 부하게도 마옵시고 오직 필요한 양식으로 나를 먹이옵소서.'

있는 바를 족한 줄로 알라는 뜻이 아니겠는가!

하나님은 우리를 남성과 여성으로 만드셨다. 성을 통해 우리는 생육하고 번성한다. 결혼한 부부는 성을 통해 자녀를 생산한다. 성은 남녀 간의 즐거움을 위해 주신 것이다.

동성 간의 성, 즉 동성애는 창조질서에 어긋나는 것이고 가증한 죄이다. 부부 사이에 성적 친밀감을 누리는 것은 하나님 보시기에 좋은 것이다. 하나님의 계명 중에는 간음하지 말라는 계명이 있다. 이웃의 아내와 통간하지 말라는 것이다. 음행혼전 성교하는 자들과 간음하는 자들은 하나님이 심판하신다고 했다(히 13:4).

일찍이 베드로는 거짓 선지자들거짓 선생, 이단 교주의 미혹을 받지 않도록 조심하라고 경계하면서, 그들의 공통적인 행위의 열매로 호색과 탐심을 지적하였다(벧후 2:1-3). 박태선, 문선명, 정명석, 유병언의 공통점이 바로 음란과 호색, 그리고 탐심으로 드러났다. 한반도에 나타난 가장 흉악한 거짓 선지자는 김일성, 김정일, 김정은이다. 그들의 호색과 탐심호화와 사치 그리고 포악성은 천하에 알려져 있다. 우리가 간과하지 말아야 할 것이 바로 주사파가 주도하고 있는 더불어민주당이라는 정당의 지도자들이 거짓 선지자들처럼 호색과 탐심의 열매를 드러내고 있다는 것이다.

안희정, 박원순, 오거돈 부산시장 등 민주당 지도자들은 음란호색으로 낙마하거나 자살했다. 공산주의 주사파 사상에 물든 송영길, 우상호, 김민석 등 586 정치인들은 5·18 전야제에 광주 술집에서 음란 파티를 즐기다가 같은 주사파 임수경에게 발각되지 않았는가.

문재인은 소득주도성장 정책으로 하위층 일자리를 없애고 부동산 규제로 '미친 집값'을 조성했으며, 불평등과 자산 격차를 심화시켰다. 문재인은 청와대 비서실장으로 재직할 당시 유병언의 세모그룹의 부채 1,800억원을 탕감해줌으로 2014년 세월호 사건 당시 유병언의 양산 사택을 보상으로 받았다는 장성민 의원의 의혹 제기가 있었다. 결국 유병언의 재기를 도와서 세월호 사건을 일으키게 한 원인을 제공했다. 문재인과 그 부인 김정숙의 탐심은 이미 언론 보도를 통해 널리 알려져 있다.

최근에는 송영길의 돈 봉투 사건, 김남국의 코인 투자 사건이 주목을 받고 있지만, 이재명의 대장동 사건, 그 부인 김혜경의 법카 사건, 손혜원 의원의 목포 부동산 사건, 김의겸의 흑석 부동산 사건은 모두 탐심과 관련된 사건들 아닌가! 이들은 모두 사이비종교 주사파의 교인들로서 강남좌파의 특징을 드러내고 있지 않은가! 이들은 대부분 무신론자들로서 하나님을 두려워하는 게 없다. 따라서 하나님의 계명을 지키는 것에도 관심이 없는 듯하다.

예수님은 열매를 보고 나무를 알 수 있다고 말씀하셨다. 베드로 사도는 거짓 선생, 거짓된 지도자는 그의 사상의 열매, 행위의 열매로 그 거짓됨을 드러낸다고 예언하였다. 진짜와 가짜는 다르다. 공산주의는 무신론과 유물론, 진화론을 기반으로 하는 거짓된 사이비 사상이다. 주사파는 변질된 수령제일주의 우상숭배 사상이다. 그들의 열매는 탐심, 착취, 호색, 가정파괴 등으로 나타나고 있다.

천만다행인 것은 윤석열 대통령이 자유를 외치며 국민만 바라보고 정치를 한다는 것이다. 여당 지도자들 가운데는 야당과 달리 김기현, 원희룡, 태영호 같은 기독교인들이 포진하고 있다. 나는 상식, 법치, 공정이 마침내 사이비 종교 주사파의 부도덕과 무원칙, 몰상식을 이겨낼 것이라고 믿는다.

다섯째
마르크스의
부도덕하고 은밀한 가정생활

예수님은 제자들을 훈련 시킬 때, 본을 보여주고 따라 하라고 가르치셨다.

> "너희가 나를 선생이라 또는 주라 하니 너희 말이 옳도다 내가 그러하다 내가 주와 또는 선생이 되어 너희 발을 씻었으니 너희도 서로 발을 씻어 주는 것이 옳으니라 내가 너희에게 행한 것 같이 너희도 행하게 하려 하여 본을 보였노라"(요한복음 13:13-15)
>
> "새 계명을 너희에게 주노니 서로 사랑하라 내가 너희를 사랑한 것 같이 너희도 서로 사랑하라"(요한복음 13:34)

사도 바울도 고린도전서 11장 1절에서 "내가 그리스도를 본받는 자가 된 것 같이 너희는 나를 본받는 자가 되라"고 말씀하고 있다.

예나 지금이나 가장 효과적인 교육은 모델링본뜨기, 본받기을 통한 교육이다. 교육학에서는 이를 사회학습이론이라 한다.

마르크스는 젊었을 때 신앙을 고백하고 기독교인으로 살았다. 고등학교를 졸업했을 때, 그의 졸업장에는 '종교적 지식'이라는 제목으로 이런 글이 기록되어 있었다.

"기독교 신앙과 윤리에 대한 상기인의 지식은 매우 명확하고 탄탄하다. 또 상기인의 교회사 지식도 상당하다."

하지만 같은 시기에 기록한 그의 논문에서는 '파괴하다'라는 단어를 6차례 반복했고, 인류를 가리켜 '인간쓰레기'라고 칭하고 있다. 마르크스는 반종교주의자가 되어 "나는 위에서 다스리는 그 존재에게 점점 복수하고 싶다"라며 하나님이 창조한 세계를 파괴하기를 꿈꿨다.

마르크스가 18세 때 쓴 '울안엠'Oulanem이란 희곡에는 사탄숭배에 대한 그의 경험이 나온다. 사탄숭배교회의 흑암 미사에서는 예식순서에 따라 하나님의 거룩한 이름과 예수님, 마리아의 이름도 거꾸로 읽는다. 흑암 미사를 하는 동안에 성경책을 불태우고, 주술에 걸린 칼을 사서 그것으로 손목을 베고, 그 피로 서약을 맺어, 죽은 뒤에 자신의 영혼이 사탄의 소유가 되는 것에 동의한다.

마르크스는 마귀와 그의 천사들에게 준비된 이 무저갱 속에 인류 전체를 던지겠다고 말한다. 어린 학생이 어떻게 사람들을 불신앙으로 이끌어 무저갱에 떨어뜨리고, 자신도 뒤따라 떨어지면서 웃는 것을 평생의 꿈으로 품을까?

그는 [파우스트]에 나오는 "존재하는 모든 것은 파괴할 만한 가치가 있다"는 말을 특히 좋아했다. 여기서 말하는 모든 것에는 프롤레타리아 계급과 공산당원이 다 포함된다. 그는 젊은 시절 한 때 기독교적 신념을 품고 있었지만, 그것에 일치하는 삶을 살지는 않았다. 마르크스가 아버지와 주고 받은 편지를 보면, 그가 쾌락에 막대한 돈을 탕진했고, 부모와 마찰이 끊이지 않았음을 알 수 있다. 그러던 와중에 마르크스는 매우 비밀스런 사탄숭배교회의 교리에 빠져 입교의식을 치른 것 같다리처드 웜브란트.

마르크스는 성정이 포악한 사람이었고 자신의 책략에 맞기만 하면 폭력이나 테러도 마다하지 않는 인물이었다. 마르크스는 노동자계급이 자본가들에게 철저하게 착취, 억압, 소외, 차별당하고 있다고 주장했다. 마르크스는 그가 숭배하던 마귀를 닮아 그의 성품은 폭력에 대한 애호, 권력욕, 금전 문제에 대한 무능, 주변 사람들에 대한 착취성향으로 나타났다. 레닌, 스탈린, 모택동, 김일성김정은 등이 보여준 행동들은 모두 칼 마르크스의 투영이라 해도 지나치지 않다.

그리스도인들이 예수를 닮듯이, 공산주의자들은 마르크스를 닮지 않을 수 없다. 무엇보다 그의 삶을 보면 마르크스는 억눌린 자의 구원자가 아니라 잔인한 착취자의 전형적 모델로서의 삶을 살았다. 그가 착취한 대상은 누구였을까?

1. 마르크스가 착취한 첫째 대상은 그의 부모와 친인척이었다. 그는 자신의 가족에 대해 냉정할 정도로 무관심했다.

부모와 친척들에게 관심이 있을 때는 돈 문제와 관련이 있을 때뿐이었다. 어머니를 숙주로 삼아 늘 목돈을 뜯어내는 대상으로 삼았다. 마르크스는 일평생 취직을 해본 적이 없다. 마르크스 부부는 부모와 처가로부터 상당한 액수의 재산을 상속받은 사람들이다. 부부는 모두 게으르고 낭비벽이 컸다. 그들은 일생 부르주아 상류층의 삶을 포기한 적이 없었다.

2. 마르크스의 두 번째 착취대상은 1840년 중반부터 알게 된 평생의 호구 프레드리히 엥겔스이다. 이들의 관계는 평생 숙주와 기생물의 공생관계였다. 자본주의자를 타도의 대상으로 혐오했으면서도 정작 자신은 자본주의의 온갖 혜택을 다 누렸다. 휴양지로 피서 여행을 갈 때도 비용은 모두 엥겔스가 부담했다.

3. 마르크스의 세 번째 착취대상은 그의 4살 연상의 아내 예니 폰 베스트팔렌과 그의 자녀들이다. 미녀로 소문난 그녀였지만 남편으로 인해 평생을 힘겹게 살아야 했다. 결국, 그녀는 간암으로 고생하다가 죽었다. 마르크스는 딸들의 교육에 무관심했고 세 딸 중 두 딸 '예니'와 '로라'는 자살로 생을 마감했다.

4. 마르크스의 네 번째 착취대상은 집안의 하녀로 45년간을 헌신한 헬렌 데무스라는 가련한 여인이다. 45년간 부지런히 일했지만, 사망할 때까지 한 푼도 받은 적이 없었다. 노동력 착취는 둘째 치고 마르크스가 이 여인을 겁탈하여 데무스는 사생아를 낳아야 했다. 그 아들은 자신의 자식임에도 엥겔스에게 위탁해 노동계급 집안에 맡겨 키웠다. 엥겔스는 오랫동안 침묵하다가 1895년 인후암으로 죽기 직전에 마르크스의 딸 엘레노어에게 그 진실을 밝혔다.

　본능, 육체 등 세속적 사상에 뿌리를 둔 니체와 프로이드의 억압된 성을 해방해야 한다는 성 이론, 빌헬름 라이히의 '오르가즘 이론'자위를 하든, 파트너를 바꾸면서 하든, 남자와 하든 여자와 하든 상관없이 주 3회 오르가즘을 필요로 한다는 이론은 억눌린 욕망을 해방한다는 이름으로 신마르크스주의를 주도했다. 20세기 말에 탈 기독교, 절대가치의 제거, 그리고 철저한 세속화 인본주의 사상은 '차별금지', '동성애'와 '인권'이라는 이름으로 유럽과 미국문화를 침투한 후에 이제는 한국문화를 잠식하고 있다.
　하나님은 우리를 남자와 여자로 만드셨다. 결혼이라는 제도를 통해 남녀가 관계하지 않으면 생육하고 번성하는 것은 불가능하다. 동성애, 낙태를 막고 출생률을 높이지 않으면 우리의 미래는 실로 암울하다.
　김일성, 김정일, 김정은, 이재명, 오거돈, 박원순....이 좌파 공산주의자들의 공통점은 이들이 모두 마르크스를 닮아 성적으로 문란한 삶을 살았다는 것이다.

남녀 외 제3의 성을 인정하고, 동성애, 성전환, 동성결혼, 낙태, 이단 사이비종교 등에 대한 건전한 비판과 반대의견 및 보건적 유해성에 대한 과학적 사실조차 금지시켜, 차별 및 혐오 표현금지라는 명목으로 젠더 이데올로기와 반생명주의 정책이 추진되고 있다. 사유재산을 불법화하고 동성애 합법화를 통해 가정과 교회, 국가의 파괴를 도모하는 공산주의-사회주의-마크르스주의는 이미 그 허구성이 드러난 지 오래다. 음행과 간음, 동성애를 부추기고 인기영합주의populism 정책을 쓰는 나라들을 보라. 급증하는 이혼율과 자살률, 그리고 범죄율로 몸살을 앓고 있다. 문화막시즘과 주체사상을 막을 수 있는 것은 자유민주주의 수호세력과 교회와 전통적인 가정윤리와 성도덕뿐이다.

마르크스의 성적으로 부도덕한 삶을 닮을 것인가? 예수 그리스도의 거룩한 삶을 닮을 것인가? 현대인은 빛과 어두움 사이에서 선택을 강요받고 있다. 나는 우리 기독교 신앙이 마르크스를 따르는 민노총, 전교조, 좌편향 언론, 참여연대를 결국 이겨낼 것이라 믿는다.

여섯째
우애적동반자 결혼이
우리의 **행복도**를 높인다

자신의 결혼생활을 매우 행복하다고 평가하는 부부는 인생 전반을 행복하다고 느낀다.

기독교는 가족적인 종교다. 종교 개혁자 칼빈은 하나님을 아버지로, 교회를 어머니로 표현하였다. 예수님을 남편_{신랑}으로, 교회를 사랑받는 아내에 비유한다_{엡 5장}. 기독교는 구원받은 이들을 형제자매라고 부르는 사랑의 공동체. 우리나라는 기독교의 영향으로 70여 년 전 해방 이후부터 5월이 되면 어린이날, 어버이날, 스승의 날, 부부의 날 등을 정하여 지키고 있다.

우리 인생은 성취하는_{achieving} 경험과 연결하는_{connecting} 경험 두 가지로 이뤄져 있다. 그런데 우리는 성취하는 경험에는 성공했는데, 연결하는 경험, 서로 사귀고 사랑하는 경험에서는 실패했다. 세계 10위권의 경제 대국이 되었는데, 나라는 좌우로 양분되었고, 이혼율은 세계 1, 2위를 다투고 있다.

한국에서의 이혼율 증가의 원인에 대해 여러 의견이 있다.

남성의 가부장적 사고와 여성의 평등우애의식이 충돌하는 데다 맞벌이 가정이 늘면서 부부의 역할을 놓고 갈등이 빚어지고 있기 때문이다"김태현 교수.

성격 차이44.7%, 가족 간 불화14.4%, 경제적 문제13.6% 등으로 인한 갈등이 이혼의 주원인이 되고 있다.

성격 차이, 애정 상실, 성생활 불만, 일 중독, 사소한 부부싸움 등과 같이 "혼인을 계속하기 어려운 중대한 사유가 있을 때"를 규정한 민법 840조 6호에 해당하는 이혼 사유가 늘고 있다.

20세기의 가정생활의 특징은 밖에 나가서 일하는 어머니가 증가하여 아이를 돌보는 일을 다른 사람에게 맡기는 것이다. 이로 인한 갈등과 걱정으로 이혼이 증가하고, 결혼이 늦어지고 있다.

기혼 부부의 50%가 이혼하고 재혼한 부부의 65%가 다시 이혼한다. 이혼을 요구하게 하는 일차적 불평은 폭력이나 중독이 아니고 대화의 부족lack of communication과 애정의 결핍lack of affection, 그리고 잔소리 nagging이다.

결혼의 성격이 1970년대를 전후해 전통적, 가부장적 결혼에서 우애적, 동반자 결혼companionship으로 바뀌고 있다. 일방적 대화가 상호적 대화로 바뀌고 있다.

나는 개인적으로 30대 중반까지 가부장적 남편으로 아내 위에 군림하다가, 예수님을 인격적으로 만나게 되면서, "그리스도를 경외함으로 피차 복종하는" 동반자 관계를 누리게 되었다. [멋진 남편을 만든 아내]라는 책에서 아내가 고백하고 있는 것처럼, 우리 내외는 세상에서 가장 친근하고 친밀한 친구가 되었다. 우리는 서로에게 애인, 친구, 은인, 상담자 역할을 하고 있다.

베드로는 우리에게 지식이해심을 따라 더 연약한 그릇인 아내를 귀하게 여기라고 권면하였다. 바울은 남편은 아내를 사랑하고, 아내는 남편을 존경하라고 권면했다. 배우자는 서로에 대한 이해심을 높이기 위해 기질성격의 차이, 성장 과정의 차이, 남녀의 차이, 기호의 차이 등을 배워서 서로 이해하고 사랑해야 한다. 나는 뒤늦게 스위스의 의사이며 작가인 '폴 투르니에'에게 남자에게는 사물감각sense of things이, 여자에게는 인격감각sense of persons이 발달되어 있다는 것을 배우게 되었다. 남녀는 둘 다 하나님의 형상대로 지음받은 존재로 구별해야 하지만, 차별해서는 안 된다는 것을 나는 뒤늦게 체득하였다. 우리는 상호보완적 우애적 관계를 누리게 되었다.

최근에 나를 놀라게 하는 것은 우리나라 목회자, 장로, 집사 가운데도 가부장적 결혼을 지속하고 있는 부부가 많다는 것이다. 남편은 bread winner가계부양자, 아내는 house wife집사람라는 공식을 깨뜨릴 때가 되었다.

어느 나라에서나 통계적으로 나타나는 것은 부부를 위계질서로 간주하는 가부장적 부부는 중도, 또는 노년에 이혼하지만, 브리스길라와 아굴라처럼 동반자적 평등 부부로 우애적 결혼을 하는 부부는 장수하고 이혼하지 않는다는 것이다. 사랑은 배워서 습득할 수 있는 기술이다. 이를 우리나라 부부에게 가르치기 위해 내가 가정사역협회 초대

회장으로 쓴 책이 바로 [부부성숙의 비결]이라는 책이다.

우리나라가 사회주의체제에서 자유민주체제로 전환한 것처럼, 당신도 부부체제를 평등 부부, 동반자, 友愛체제로 전환해 보라고 권하고 싶다. 친밀감은 더 높아질 것이며 지금보다 더 행복해질 것이다!

Part 3

이단과

사이비

첫째
마르크스주의는
사이비종교 이단사상이다

성경은 사탄을 "거짓의 아버지"라고 소개한다. 하나님이 진리의 하나님이라면, 사탄 마귀는 거짓말쟁이deceiver라 할 수 있다.

지난 70여 년 동안 한반도에서는 사탄의 화신 김일성과 하나님의 사람 이승만의 한판 대결이 벌어져 왔다. 사상적으로 공산주의와 기독교의 충돌과 대결이 벌어진 것이다.

나는 종교 심리학자이며 사상전문가다. 나는 젊은 시절에 구원파, 지방교회, 몰몬교 등 이단 종교를 전전하다가 34살 되던 해에 사랑의 교회에서 진리의 하나님을 만났다. 이단의 왜곡된 진리와 거짓말이 어두움이라면, 정통의 진리는 빛이다. 잘못된 사상의 노예로 살다가 예수님을 만난 바울은 "너희가 전에는 어두움이더니 이제는 주 안에서 빛이라. 빛의 자녀처럼 살라"고 하였다.

조선인민민주주의공화국은 주체사상을 기본으로 하는 사회주의, 공산주의 국가이다. 나는 종교 심리학자로서 지난 수년간 주체사상과 그 뿌리라 할 수 있는 공산주의를 연구해 왔다.

공산주의, 막시즘의 창시자라 할 수 있는 칼 마르크스는 젊은 시절 기독교 신앙을 버리고 사탄 숭배자가 된다. 스탈린도 신학을 공부하다 사탄 숭배자가 되었고, 김일성도 기독교 가정에서 성장해 사탄 숭배자가 되었다. 거짓의 아버지 사탄을 추종하는 이들은 거짓으로 점철된 교리를 설파한다.

(1) 무신론: 하나님은 없다.

(2) 유물론: 물질이 관념이나 정신보다 중요하다. 물질에서 정신이 나온다. 역사의 운영주체는 하나님이 아니라 물질이다.

(3) 진화론: 모든 동식물은 창조된 것이 아니며 진화한다.

(4) 프롤레타리아 혁명을 위해서는 거짓, 사기왜곡, 선동, 폭력을 사용해도 좋다. 윤리 도덕에 얽매일 필요가 없다.

(5) 유토피아: 인류역사는 원시공산제 → 고대노예제 → 중세 봉건제 → 자본주의사회 → 사회주의사회 → 공산주의사회의 순으로 발전하게 된다. 자본주의가 무너지면 모두가 능력에 따라 일하고 필요에 따라 배분받는 유토피아지상천국가 도래한다.

지난 200년의 역사는 마르크스의 이론이 모두 허구이고 거짓이라는 것을 보여주었다. 소련과 중국, 쿠바, 캄보디아, 베네수엘라 등 무수히 많은 나라가 사회주의 계획경제를 시도했으나 모두 비참하게 끝났다. 마르크스의 모든 중요한 예언은 허구와 오류로 드러났다.

내가 최근에 읽은 책 중에 [부유한 자본주의 가난한 사회주의]라는 책이 있다. 저자 라이너 지텔만은 지난 200년의 세계 경제를 검토한 후 자유시장 경제, 자본주의 국가들이 사회주의 통제경제 국가들을 이겼다고 결론을 내리고 있다. 사회주의와 달리 자본주의가 강화될수록 국가 경제는 번창하게 되어 있다.

정치 경제적으로, 한반도에서는 영적 전쟁, 사상전이 벌어지고 있다고 해도 과언이 아니다. 사실상 기독교자본주의와 공산주의주체사상라는 세속종교가 충돌하고 있다. 사실상 북한의 주체사상과 남한의 기독교는 철천지 불구대천의 원수다. 자유인권와 통제억압, 빛과 어두움이 공존할 수 있는가! 그런데도 한국교회의 좌경화는 매우 심각하다.

자유시장경제, 즉 자본주의는 사유재산이 보장되고 기업이 법질서의 테두리 내에서 소비자에게 필요한 것으로 예상되는 재화를 생산한다. 국가가 부자로부터 세금을 거둬들여 중산층이나 빈곤층에게 분배하는 제도다. 유럽식 사회주의도 이 원리를 따르고 있다.

죠셉 슘페터1883-1950, 경제학자는 이렇게 질문했다.

"불행은 왜 생기는가? 부유한 나라는 어떻게 부유해지는가? 부는 어떻게 만들어지는가? 경제는 어떻게 성장하는가?"

슘페터는 질문 끝에 답을 찾았다.

"답은 앙트레프레너entrepreneur다."

앙트레프레너는 혁신을 통해 창조적 파괴를 이끌고 새로운 가치를 만들어내는 사람이다. 그들은 성공하려는 의지가 강하며 성공의 결과뿐 아니라 성공 그 자체에 의의를 둔다. 창조를 통해 변화를 일으키는 과정에서 성취감과 즐거움을 느낀다. 호황과 불황이 변갈아 가며 성장하는 자본주의에서 앙트레프레너의 정신을 통해 경제가 발전할 수 있다고 보았다.

혁신이란 양적 성장만을 뜻하지 않는다. 창조적 파괴를 동반하는 것으로 '새로운' 상품, 생산방식, 시장개척, 원자재 공급, 산업구조를 열어가는 것이다. 혁신을 거듭하지 못하는 사회는 역사 속으로 사라지는 것이다.

기회 앞에서의 자유와 평등, 그리고 공정성, 지식인 우대, 지식 공유의 장 마련, 혁신을 장려하는 제도적 기반, 사유재산, 지적 재산권 보호, 효율적인 금융시스템의 자본도전을 장려하는 문화, 부의 분배...위와 같은 조건들에 근접할수록 앙트레프레너의 탄생은 늘어간다.

감사하게도 이승만 대통령은 자유시장경제의 바탕 위에 나라를 세웠고, 윤석열 대통령의 현 정부는 자유와 창의성에 바탕을 둔 혁신을 장려하기 때문에 대한민국의 장래는 밝고 나라는 번창하게 되어 있다.

프랑스의 우파 지식인 레이몽 아롱은 공산주의 이론은 사이비종교와 같다고 했다. 절대성을 강조하고 오류를 인정하지 않는 사상은 민중을 고난으로 이끌 뿐이다. 거대한 수용소 국가로 전락한 북한의 모습이 이를 대변한다. 진보라는 이름을 내세워 민중을 잘못된 길로 몰아세우는 좌파 지식인은 마르크스주의라는 '아편'의 중독자다. 진리는 보편타당한 것이다. 객관성, 보편성과 소통하지 못하는 사상은 억지요 고집일 뿐이다.

"능력에 따라 일하고, 욕망을 따라 배분받는다"라는 선전은 허공의 유토피아에 불과하다. 인간의 열망으로 이뤄질 수 있는 게 아니다. 이런 허구에 몰입할수록 '모두가 잘 사는 세상'이 아니라 '모두가 가난한 세상', 하향 평준화되는 세상으로 전락할 가능성이 높다. 좌파들은 어설픈 이데올로기에 사로잡혀 역사의 진실을 어지럽혀선 안 된다. 오류를 인정하지 못하고 다른 의견을 용인하지 못하는 폐쇄성은 전체주의로 귀결된다는 것이 역사의 교훈이다. 선동적인 진보팔이로 젊은이들을 호도하는 것은 문명의 퇴보를 재촉하는 것이다. 인간의 자발성과 창의성을 키우는 자유주의와 시장경제가 인류 진보의 유일한 해결책이다레이몽 아롱.

마르크스는 19세기 말에 유럽에서 활동했던 거짓 선지자다. 마르크스는 거짓의 아버지 사탄을 숭배했던 자로서 그의 이론은 모두 거짓되다는 것이 밝혀졌다. 그러나 그의 이론은 미혹성이 있다. 오죽하면 NL주사파를 따르는 종북주사파가 수십만에 이른다고 하는가! 한국의 기독교인, 목회자, 신학생들은 우파 지식인 아롱이 말한 사회주의공산주의, 주체사상라는 '아편'에서 얼마나 자유로울 수 있을까?

둘째
다른 교훈에
끌리지 말라

　이승만 대통령의 공적 중의 하나는 국가보안법을 제정하여 "남로당, 빨치산, 간첩, 공산당 및 좌익세력을 처벌할 수 있는 근거를 마련하였다"라는 것이다. 박정희, 전두환, 노태우 모두 과오가 있지만, 그들은 모두 반공주의자로서 국가보안법을 통해 대한민국을 지켰다.

　침신대 총장이며 역사학자인 피영민2009은 "여러 가지 다른 교훈 strange teachings에 끌리지 말라"(히 13:9)고 하면서, "공산주의와 마르크시즘 등이 20세기에 많은 사상전쟁을 일으켰다. 공산주의와 마르크스 사상은 역사의 운행 주체가 하나님이 아니라 물질이라고 본다. 이러한 잘못된 사상이 많은 전쟁을 일으키고 많은 피를 흘리게 했다"라고 했다.

　지금 정의구현사제단, 좌파성향 목회자들, 간첩의 지령을 받는 민노총이 반공주의자 윤석열 대통령의 퇴진을 요구하고 있다. 이들은 박헌영의 후예들이며, 좌우 합작론을 주장하던 김구의 후예들이다. 공산주의 앞에 중도란 있을 수 없다. 빛과 어두움, 물과 기름이 섞일 수 있는가! 공산주의와는 타협 불가능하다. 특히 기독교와 공산주의는 철천지 불구대천의 원수지간이다. 우리는 선택해야 한다. 공산주의의 실체를 알고도 사회주의를 지지하는 그리스도인은 여운형 전도사처럼 거짓의 영에 미혹된 이들이다. 주사파는 척결의 대상이지, 우리가 타협하고 포용해야 할 대상이 아니다. 사느냐 죽느냐의 영적 전쟁이 벌어지고 있다. 주사파는 다른 영, 거짓의 영, 사탄의 영이다. Christian Communist란 있을 수 없다!

유물론과 무신론의 뿌리: Hegel과 Feuerbach

Marxism과 그 후손 현대 공산주의는 기독교에 강력한 도전으로 등장했다. 막시즘은 다른 어떤 단일 사상 체계보다 현대세계에서 더 많은 사람들을 지배하고 있다.

오늘날 10억 명 이상이 마르크스의 교리를 공개적으로 고백하고 실천하는 정부들의 통치를 받고 있다. 전례 없는 위기의 시대에, 혼란의 배후에 공산주의 세력이 발견되지 않는 곳을 찾아보기가 힘들다. 무신론적 공산주의는 '분열의 검칼'이다. 공산주의는 가족과 공동체, 나라와 제국을 해체 시킨다. 1917년 혁명으로 권력을 장악한 이후, 세계를 군사적 갈등 상태 속에 가둬두고 있다.

막시즘은 정치와 경제에만 국한된 게 아니다. 세상을 바라보고 설명하는 하나의 세계관이기도 하다. 역설적으로 무신론을 주장하면서도 하나의 철학과 종교로서 행세하고 있다. Karl Marx는 유대교와 기독교 가정의 종교적 분위기에서 성장해 사탄숭배자로 배교한 사상가로서, 전통적 종교신앙에 가장 강력한 도전이 되고 있다.

둘째로 Marxism은 추종자로부터 종교인을 특징 지우는 헌신과 충성을 요구한다는 면에서 유사quasi 종교의 성격을 지닌다. 막시즘은 인간의 영혼에 불을 질러 러시아와 중국에서 보듯이 혁명을 일으켜 국가의 방향을 바꿔놓는다. 하나의 종교처럼 공산주의 이상사회를 약속함으로 추종자들에게 성취와 희망의 주제로 해석되는 혁명을 약속하고 있다. 마르크스의 이상사회 약속의 교리와 그리스도의 재림과 천년왕국 교리 사이에는 논리적 유사성이 존재한다Britanica 백과사전, 1978.

마르크스는 늘 자기주장이 철학이 아닌 과학이라 주장하면서 기독교 세계관을 부인하거나 공격했다. 따라서 우리는 Marxism에 대해 침묵할 수 없다. 21세기에 들어, 공산주의는 문화 막시즘新사회주의이라는 탈을 쓰고 미국과 한국 사회를 잠식하고 있다.

Marxism은 그 이론과 실제가 유물론에 바탕을 둔 무신론이다. 그의 철학과 세계관에 현실적으로 가장 큰 영향을 미친 것은 헤겔Hegel과 포이어바흐Feuerbach였다. 철학자 헤겔은 모든 변화와 발전은 정, 반, 합, 즉 thesis, anti-thesis, synthesis의 변증법적 과정을 통해 이뤄진다고 봤다. 존재하는 모든 것, 즉 삶과 사고의 모든 것은 존재being 有, 무존재non-being無, 그리고 생성becoming生成이라는 '기본적 세가지'basic triad 과정을 거친다는 것이다.

Hegel은 그의 3가지에 절대정신Absolute Spirit이라는 목표를 추가했다. 각 과정은 궁극적 존재, 즉 충분히 자의식적인 생각fully self-conscious Thought = 절대정신으로 유도한다. 물질은 정신에 이차적인 것이라는 입장이었다.

그러나 마르크스는 Hegel의 정신 목표Spirit-goal를 정면으로 거절하고 대신 철저한 유물론을 채택했다. 따라서 그의 체계를 변증법적 유물론dislectical materialism이라 부른다Warren Young, 1954.

오직 물질만이 근본적이고 모든 변화발전는 변증법적 개혁을 통해 일어남으로 물질을 다루는계급개혁은 혁명을 통해서만 가능하다고 한다. 이는 기독교의 가르침과 정면으로 충돌한다. 우리는 물질이 아니라 만지거나 볼 수 없는 것intangible이 가장 중요하다고 믿는다. 하나님이 우리의 유익을 위해 간섭하시며, 사회적 개혁이, 개인의 영혼이 어두움에서 빛으로 변화됨transformation을 통해 이루어진다는 입장이다. 영혼 대 물질, 근원적 세계관의 충돌이 불가피한 것이다.

Ludwig Feuerbach1872의 유물론적 인본주의

포이어바흐는 종교에 대한 마르크스의 관념에 영향을 미쳤다. 그의 책 [기독교의 본질]1841은 기독교를 인간의 욕망 성취로 축소시켰다. 객관적 종교, 객관적 하나님, 객관적 예수 그리스도는 없다고 주장한다.

"모든 종교적 신앙은 인간의 내면적 욕구와 욕망이 투영된 것으로 주관적인 것이다. 인간의 비참한 실존 때문에 하나님을 발명invent할 필요를 느끼는 것이다."

포이어바흐는 마르크스에게 유물론적 인본주의의 열쇠를 제공했다. 그는 마르크스에게 하나님을 인간의 병든 양심이 만들어 낸 "허구적" 창조라고 가르쳤다. 하나님은 인간을 창조하지 않았으며, 인간이 그의 어그러진 상상으로 하나님을 창조한 것이다. 따라서 세상에는 물질, 자연, 인간만 존재할 뿐이라고 주장했다.

마르크스는 단지 관찰만 하는 철학자들과 행동하는 "혁명가들"을 구분하면서, 인간이 더 이상 종교가 필요 없는 지경까지 끌어올려 줄 수 있는 혁명을 요구했다. 그는 종교에 관한한 수동적이지 않았다. 적극적 종교파괴와 무신론의 촉진은 그의 변증법적 유물론을 통한 인간 완성의 한 계획의 일부였다. 종교는 인민의 아편이다. 그리고 종교는, 보다 나은 세상에 대한 소망으로 억압받는 보통계급을 위로하려는 자본주의자들의 도구에 불과하다고 보았다.

마르크스는 헤겔의 개념을 수정했듯이 포이어바흐의 개념도 수정했다. 그는 이 둘의 개념을 자신의 기본적 유물론적 세계관으로 흡수했다. 그는 급진적이고 혁명적인 변화를 주장할 준비가 되어 있었다. 그는 억압받는 프롤레타리아 노동자들에게 변증법적 유물론을 소망의 항구로 제시했고, 그들을 억압하는 부르주아 자본주의 지배계급에게 변증법적 유물론은 그들을 처형할 수단이었다.

마르크스 공산주의자들은 영적인 가치와 영혼, 영혼 불멸, 하나님에 대한 종교적 교리들을 거부한다. 전투적 무신론militant atheism을 주장한다. 종교는 하나의 환상illusion이며 환상에 근거한 환상적 행복은 정죄 받아야 마땅하다고 한다.

마르크스는 무신론을 촉진하고 종교를 소멸멸절할 두 가지 절박한 필요를 느꼈다. 첫째로, 그의 유물론은 초자연적 실재하나님의 존재 자체를 부인한다. 둘째, 여러 세기에 걸쳐 조직화 된 종교의 구조 자체가 노동자에 대한 자본가의 억압을 용인하거나 방조했다고 본다. 따라서 종교의 소멸박멸은 마르크스의 변증법적 유물론의 핵심 목표이다.

마르크스와 김일성의 전제를 수용하는 더불어민주당 의원 상당수가 "교회폐쇄법"을 추진한 것에는 이러한 사상적 배경이 있는 것이다. 시간이 가면, 자유민주주의 반공 법치주의자 윤석열 대통령이 붉은 무리 주사파 세력, 586 종북 공산주의 추종 세력을 척결하리라 믿는다.

셋째
빌리 그래함, 한경직, 조용기는
구원받지 못했다?

1973년 나는 군 제대 후 극동방송 부국장으로 있던 구원파 교주 유병언의 지시에 따라 극동방송FEBC의 PD 겸 아나운서로 근무하고 있었다. 1972-74년 2년간 미국 선교사들이 세운 극동방송은 권신찬과 유병언 구원파에 의해 운영되고 있었다. Winchell 방송국장을 비롯한 미국 선교사들이 "거듭남, 죄 사함, 구원"을 말하는 구원파가 같은 복음을 전하는 "형제들"이라고 판단하고 방송국 운영에 그들을 끌어들인 것이다. 나 자신도 유병언, 박옥수, 이요한이 말하는 "죄 사함, 거듭남의 비밀"을 구원파에서 깨달아 "구원은 받았기 때문에" 구원파 교인으로서 방송국 직원으로 근무하고 있었다.

1973년 여의도에서 열렸던 빌리 그래함 전도대회Billy Graham Crusade는 100만 명 이상의 군중을 모았던 것으로 기록되고 있다. 6월 3일 주일집회 하루에만 110만 명이 운집해 전 세계 기독교 역사에 기념비적 사건으로 남아있다. 이를 기념하기 위해 6월 3일 서울월드컵경기장에서 빌리 그래함 전도대회 50주년 기념대회가 열렸다.

　1973년 당시 나는 권신찬 목사의 지시에 따라 여의도 집회를 취재하게 되어 김장환 목사님이 통역하는 빌리 그래함의 설교를 옛날녹음기로 녹음해서 상수동 방송국으로 돌아왔다. 방송국에 돌아오자마자 권신찬은 녹음해 온 설교를 틀어보라고 했다. 30여 분쯤 설교를 듣고 있던 권신찬은 "그래도 빌리 그래함은 구원받은 줄 알았는데, 빌리 그래함도 구원을 받지 못했네!"라며 탄식하였다. 나는 엄청난 충격을 받았다.

　'도대체 구원이 뭐길래. 구원의 복음을 전하는 부흥사 빌리 그래함이 구원을 받지 못했다는 걸까?'

　이 장면은 나의 뇌리에 장기기억으로 처리돼 지금까지도 기억에 생생하게 남아있다. 10여 년의 세월이 흘러 나는 구원파를 떠나 방황하다가 사랑의교회에 출석해, 고 옥한흠 목사의 복음 설교를 듣다가 아내를 괴롭힌 죄를 회개하고, 예수님을 영접함으로 진짜구원을 받았다. 예수님을 인격적으로 만남으로 구원을 받게 되면서, 권신찬, 유병언이 왜 빌리 그래함, 한경직, 곽선희, 조용기, 김충기 목사가 구원을 받지 못했다고 하는지를 이해하게 되었다.

　나는 유병언 구원파에서 영지주의적인 가짜 구원을 받았고, 사랑의교회에서 진짜 구원을 받았다. 나는 두 번 구원을 받았다. 한 번은 가짜 구원이고, 다음에는 진짜 구원을 받았다. 구원파는 복음을 "깨달음"으로 구원받는다는 짝퉁 기독교다. 구원파의 교주 유병언은 "유대인은 예수를 영접함으로 구원을 받지만, 우리 이방인은 복음을 깨달음으로 구원을 받는다"라고 주장했다. 구원파에서는 하나님, 인간, 죄, 구원, 교회, 신앙생활, 종말에 대해 정통교회와 다르게 가르친다. 구원파는 다른 이단과 마찬가지로 성경 용어죄, 구원, 거듭남 등를 정통교회와 다른 의미로 정의한다. 하나님을 인격이 아닌영이라고 가르치며, 인간은 존재론적으로 '죄 덩어리'라고 가르친다.

정통교회는 죄를 관계론적으로 이해한다. 즉 하나님과 인간관계에서 십계명을 어기는 것이 죄인데, 구원파에서 간음, 살인, 탐심은 죄의 증상일 뿐 원죄를 해결해야 구원받는다고 주장한다. 아담이 지은 원죄를 예수님이 대속하셨다는 것을 깨닫기만 하면 구원받는다는 것이다. 회개하고 예수를 믿음으로 구원받는 것이 아니라, 이루어 놓은 구원을 깨닫기만 하면 구원받고 거듭난다는 것이다.

따라서 신학적으로 무식한구원파 교주들유병언, 박옥수, 이요한 이 볼 때는 자기들 집단에서 복음의 비밀을 영지주의적으로깨달은 사람만 구원을 받아 천국에 가는 것이지, 정통 기독교장로교, 감리교, 침례교, 성결교, 순복음에서는 구원받은 사람이 있을 수가 없는 것이다.

> "그 중에 알기 어려운 것이 더러 있으니 무식한 자들과 굳세지 못한 자들이 다른 성경과 같이 그것도 억지로 풀다가 스스로 멸망에 이르느니라"(벧후 3:16)

세 계파로 나누어진 구원파는 우리와 다른 예수, 다른 구원, 다른 복음을 전하고 있는 현대판 니골라당이다.

넷째
이단, 사이비, 교주는 모두
무식하다!

"거짓 선지자들을 삼가라 양의 옷을 입고 너희에게 나아오나 속에는 노략질하는 이리라. 이러므로 그들의 열매로 그들을 알리라"(마태복음 7:15, 20)

"거짓 그리스도들과 거짓 선지자들이 일어나 큰 표적과 기사를 보여 할 수만 있으면 택하신 자들도 미혹하리라"(마태복음 24:24)

삼가고 조심해야 한다. 예수님은 이단이 거짓 그리스도와 거짓 선지자의 모습으로 나타날 것이라고 예고하셨다. 문선명, 박태선, 정명석, 이만희, 안상홍-장길자, 양향빈중국 전능신교 교주, 김정은과 같이 자신을 하나님, 재림 예수, 민족의 태양으로 위장하고 나타나기도 하고, 유병언, 박옥수, 이요한, 김기동, 류광수, 변승우와 같이 자신을 신격화하지 않으면서 성경을 잘못읽지 해석하여 정통교회와 다른 복음, 다른 예수를 전하는 자들이 있을 것이라고 말씀하셨다. 신옥주와 같이 성경을 사사로이 엉터리 해석을 하면서도 "성경을 통달한 사람"으로 선전하는 거짓 선지자가 의외로 많다.

사도 바울은 2천여 년 전에 고린도 교회에 경고하였다.

> "그런 사람들은 거짓 사도요 속이는 일꾼이니 자기를 그리스도의 사도로 가장하는 자들이니라 이것은 이상한 일이 아니니라 사탄도 자기를 광명의 천사로 가장하나니"(고린도후서 11:13~14)

사도 베드로도 베드로후서 2장에서 구약시대에 거짓 선지자들이 활동하였듯이, 신약시대에도 거짓 선지자거짓 선생들이 일어날 것이라고 예고하면서 그들은 호색하는 것과 탐심을 그 행위의 공통된 열매로 드러낼 것이라고 가르쳤다.

사람은 경험하는 만큼 이해한다는 말이 있다. 나는 짧은 생애 동안 구원파, 지방교회, 몰몬교 등 다양한 사이비기독교를 경험하였다. 청년 시절에 다양한 이단을 경험한 후에 미국대사관에서 만난 선교사를 통해 서울 사랑의교회로 인도함을 받아 고 옥한흠 목사님에게서 "회개하고 주 예수를 믿으라"는 복음을 듣고 회심하여 34세에 '진짜' 그리스도인이 되었다.

거짓가짜과 진짜를 모두 경험하고 나니 거짓 선지자이단들의 특징이 3가지로 걸러지게 되었다.

첫째, 신격화하는 이단이든 교리적 이단이든 사이비 • 이단 교주들은 예외 없이 무식하다ignorant는 것이다.

베드로 사도는 베드로후서 3장 16절에서 "무식한 자들과 굳세지 못한 자들이 다른 성경과 같이 그것도 억지로 풀다가 스스로 멸망에 이르느니라"라고 말했는데, 위에 언급한 지도자들은 예외 없이 모두 무식하다. 정명석은 초등학교 출신이고, 박옥수는 초등학교 5년 중퇴생이다. 유식한 지도자 중에는 유병언과 같이 고등교육을 받은 사람도 있다. 이단 교주들은 체계적인 신학교육을 받은 적이 없다. 성서신학, 성서해석학, 교회사, 조직신학, 실천신학, 선교학 등 어떤 것도 배운 적이 없다.

한반도에서 생겨난 사이비 중에 가장 막강한 영향을 미친 사이비는 주체사상교라 할 수 있다. 그런데 주체교의 교주 김일성도 예외 없이 무식하다. 그의 학력은 중학교 중퇴가 전부다김용삼, 이영훈.

따라서 이들은 계시론, 신론, 인간론, 구원론, 교회론, 종말론에서 정통 신학을 벗어난 교리를 가르치게 된다. 잘못된 가르침과 믿음은 그릇된 인성과 생활로 나타나게 마련이다.

둘째, 사이비 • 이단교주들은 자기애적narcissistic 상처가 있는 반사회성anti-social 성격장애자 라는 것이다.

상대방의 입장을 공감하는 능력이 약하며, 자존감이 낮아 교인들의 주목과 찬사와 존경이 타인에게 쏠리는 것을 용납하지 못한다. 자기 아래에 유능한 설교자가 나타나면 이를 용납하지 못한다. 실력이나 능력과 관계없이 교주는 문선명이나 박태선, 김기동, 박옥수처럼 대개 아들을 후계자로 삼는다.

사이비 • 이단 교주는 아니지만, 더불어민주당 당 대표로 있는 이재명도 반사회성 성격장애자socio-path의 특성을 고루 드러내고 있다. 이는 정신과 의사인 원희룡 장관의 아내가 내린 진단이기도 하다.

셋째, 사이비 • 이단 교주들은 윤리 도덕적으로 썩은 열매를 맺는데, 돈 문제와 여자 문제로 실족한다.

베드로 사도는 이를 호색sensuality과 탐심greed으로 표현했다. 나는 정통신앙으로 돌아오기 전, 구원파에 충성하던 시절에 워치만 니의 [영에 속한 사람]을 번역한 적이 있다. 얼마 전에 [지방교회의 실체]라는 책을 쓰면서, 위트니스 리는 신학적으로 문제가 많지만, 워치만 니에게는 별 이단성이 발견되지 않는다고 썼었다. 그런데 진실은 반드시 드러나게 되어 있다. 워치만 니가 상해에서 목회할 때 음란과 탐심재정비리이 문제가 되어 논란이 있었다는 것이 최근 보도되었다. 그의 삼분설 신학도 문제가 있지만, 결국 잘못된 신학은 윤리적 행위의 열매로 드러나고 말았다.

"불순종하고 헛된 말을 하며 속이는 자가 많은 중 할례파 가운데 특히 그러하니 그들의 입을 막을 것이라 이런 자들이 더러운 이득을 취하려고 마땅하지 아니한 것을 가르쳐 가정들을 온통 무너뜨리는도다"(디도서 1:10~11)

"그들이 하나님을 시인하나 행위로는 부인하니 가증한 자요 복종하지 아니하는 자요 모든 선한 일을 버리는 자니라"(디도서 1:16)

어떤 길은 사람이 보기에 바르나 필경은 사망의 길이다. 지금 목자를 잘못 만나 사망의 길을 걷고 있다면 생명의 길로 돌이키는 게 지혜가 아닐까! 빌리 그래함 목사의 말대로, 진실됨과 열심sincerity alone이 사람을 구원하는 것이 아니다. 올바로 알고 바로 믿는 게 중요하다.

다섯째
JMS 정명석의 뿌리는

김백문!

나는 종교 심리학자. 대학시절 유병언의 구원파에 빠져 사상적으로
방황하다가 정통신앙으로 돌아와 기독교 심리학을 공부했기 때문에,
신천지, 하나님의 교회안상홍, 정명석 등을 접하면 보통 사람들보다 더
민감하게 반응하게 된다. 그래서 [구원파를 왜 이단이라 하는가], [지
방교회의 실체] [구원개념 바로잡기] 등 사이비종교의 실체를 드러내
는 책을 여러 권 저술하였다.

얼마전 Netflix를 통해 방영된 JMS의 실체는 전 국민에게 엄청난 충격
을 주었다. 그런데 내가 볼 때, 수많은 국내외 여성을 성폭행하게 만든
것은 여러 해 전에 죽은 거짓 선지자 김백문의 잘못된 선악과 해석의
결과이다. 옳은 사상이든, 잘못된 사상이든 사상과 교리는 행동과 삶
의 열매로 나타난다.

"그들이 하나님을 시인하나 행위로는 부인하니 가증한 자요

복종하지 아니하는 자요 모든 선한 일을 버리는 자니라"(딛 1:16).

고 탁명환 소장이 남기고 간 자료에 의하면, 문선명과 박태선과 정명석의 성적 타락론은 그 뿌리가 김백문에게 있다.

김백문은 타락한 천사인 뱀에게 유혹된 하와가, 뱀의 모습으로 나타난 사탄과 성적 관계를 갖고 타락하게 된 것이 곧 선악과를 범한 것이고, 다시 아담과 성적 관계를 맺음으로 인해, 온 인류의 혈통에 죄악성이 들어오게 되었으며김백문. 기독교 근본원리, 485, '아담으로 시작된 타락에 육성 세계에 근본 악성은 혈통적 육체 계시를 따라 유전적으로 각종에 죄의 형태를 이루어 인종이 번창할수록 죄악의 종족도 번창했던 것이다'라고 주장했다김백문. 성신신학, 103.

이스라엘 수도원 김백문은 이스라엘이 바로 한국이며, 재림주가 강림할 곳이라고 가르쳤다. 초림 예수는 영적 구원밖에 이루지 못했기 때문에 재림예수가 와서 육적 구원을 이루게 되었다. 초림 예수의 혈통복귀 사명은 실패로 끝났다고 거짓된 주장을 하였다문선명의 혼음사건, 박태선의 섹스 안찰, 정명석의 성추행 행각은 사탄의 피를 가진 타락한 인간은 피가름을 통해 육적 구원을 받는다고 주장한다. 성경은 무식한 자들이 성경을 억지 해석해 마땅치 않은 교리를 가르쳐 멸망에 이르게 된다고 예언하고 있다(벧후 3:16).

200여 년 전 유대기독교를 배도한 칼 마르크스는 인류가 가난한 것은 자본가의 착취 때문이라는 진단을 하고 프롤레타리아 혁명으로 자본주의사회를 공산사회로 만들면, 능력에 따라 일하고 필요에 따라 공급받는 지상낙원이 온다고 예언했다. 마르크스와 스탈린은 거짓의 아버지 사탄 숭배자였다.

'하나님은 없다. 모든 것은 진화한다. 역사의 운행 주체는 물질이다' 라는 거짓된 교리에 속아 스탈린, 모택동, 김일성, 카스트로 등 독재자의 폭압에 신음하다 죽어간 사람이 1억 명이 넘는다. 거짓 그리스도와 거짓 선지자를 조심하라고 예수님이 친히 경고하셨다. 참으로 통탄스러운 것은 우리나라에 예수님의 제자라 자처하는 목회자, 신학생들 가운데 친북, 공산주의자, 좌파, 빨갱이들이 산재해 있다는 것이다!

모든 사상에는 계보가 있다. 뿌리가 잘못된 것을 알았으면 그 사상을 버리는 결단이 필요하다. 나는 구원파의 사상적 뿌리가 워치만 니와 세대주의 신학이라는 것을 알고 과감히 그리스도에게로 돌아왔다. 우리의 구세주는 예수님이지 마르크스, 모택동, 김일성이 아니다.

문재인과 586세대에게 종북, 종중 붉은 세계관을 받아들이게 한 모택동주의자 리영희, 태백산맥의 저자 소설가 조정래, 창작과 비평의 백낙청 등의 책임이 크다. 나는 지식인의 한 사람으로 좌파 지식인들의 머리를 사로잡고 있는 빨간 사상을 해독하기 위해 이 글을 쓴다.

여섯째

빨갱이

색깔 논쟁

네이버 카페에서 대한민국 국민의 안보의식을 고취하기 위해 한 두 해 전에 종북세력의 별명 짓기 공모전을 실시한 적이 있었다. 총 2600여건이 공모되었다고 한다. 북빠, 북바라기, 종북노, 북꼼수, 좌빨좀비, 페이스북 빨바타, 일편북심, 북화뇌동, 왼눈박이, 망북세력, 좌익, 주사파 빨갱이 등 다양한 이름이 응모되었다. 1등을 차지한 것은 '북팔로워'^{북을 추종하는 무리들}였다. 종북 좌파 공산주의가 화제가 됐고, 최근 우파 언론인 조우석과 호국 승가회 성호 스님은 문재인을 '최연소 남파간첩'이라고 호명하고 있다.

김대중, 노무현, 문재인 좌파 정권을 거치며 간첩 잡는 국정원의 기능은 약화됐고, 반공주의자 건국대통령 이승만이 제정한 국가보안법은 유명무실해졌다. 386, 586 운동권이 지난 10여 년 동안 교육, 언론, 사법, 노동계를 장악하는 동안, 일반 국민들은 "대체 지금이 어느 시대인데 빨갱이가 있느냐, 수구꼴통들!"이라고 했다. 좌익 언론과 종북세력은 이렇게 빨갱이라는 말을 때려 잡았고, 빨갱이 용어 사용자를 때려 잡았다.

공산주의자는 용어혼란전술에 능하다. 문재인 정권을 거치며 빨갱이는 진보, 민주화세력으로 둔갑했다. 언어는 역사의 산물이고, 역사는 언어의 기록이다. 빨갱이라는 용어는 6·25를 거쳐 온 우리 아버지들이 만든 용어다. 대한민국의 아버지들은 6·25를 거치며 공산주의자들과 가장 치열하게 싸워 승리했던 집단으로, 김일성, 박헌영 등에 반동분자로 몰리며 '빨갱이'라는 말을 탄생시켰다. 반국가세력, 종북좌파도 좋지만, '빨갱이'라는 단어보다 종북, 친북 주사파들의 정체를 정확, 간단명료하게 지목해 주는 단어는 없다!

막스·레닌, 모택동, 김일성의 군대를 진보나 해방군으로 불렀다면, 우리 아버지들은 반공, 승공, 멸공에 승리하지 못했을 것이다. 1945년 해방 정국에서 공산주의를 표방했던 조선공산당의 김일성과 남로당의 박헌영은 이승만, 김구와 더불어 반도 땅을 이끌 후보자 중의 한 명이었다. 김일성, 박헌영은 스탈린의 제자로 무신론, 유물론자들이었고, 이승만과 김구는 하나님을 믿는 기독교인들이었다. 지난 70여 년 동안 한반도에서는 물과 기름의 싸움, 자본주의와 공산주의, 자유 민주세력과 수령제일주의의 싸움이 전개됐다. 조선공산당, 남로당은 왜 집권 후보세력에서 한낱 빨갱이 무리로 전락했을까! 선동과 폭력, 거짓과 조작, 죽창과 폭동이 그들의 방식이었기 때문이다. 빨갱이라는 말에는 이 모든 가치들이 녹아 있다.

공산주의자 홍범도, 정율성, 윤미향의 사상적 색깔이 화제가 되고 있다. 강기정, 정청래, 이재명 등 주사파 빨갱이들이 저들을 비호함으로써 자신의 색깔을 드러내고 있다.

우리나라는 1948년부터 자유민주주의, 자유시장경제, 한미동맹, 기독교 입국을 기반으로 세워진 자유민주주의 국가이다. 따라서 윤석열, 원희룡, 박민식, 한동훈 등 현 집권 세력은 이승만, 박정희 등의 체제 전통을 잇는 자유민주 세력이다. 빨갱이들은 반反대한민국 세력이고, 친공산주의, 친북, 종북세력이다. 윤 대통령 말대로 그들은 척결의 대상이지 협치의 대상이 아니다. 주사파 혁명론의 핵심은 사유재산 폐지, 가정해체, 무신론, 교회 폐쇄, 유물론, 계급투쟁론, 국가 파괴이다.

윤석열 대통령이 "자유인들도 자유의 이념을 정립하자" "반국가세력은 진보도 아니고 협치의 대상도 아니다"라고 말하자, 종북 좌파 더불어민주당에서 이념은 오직 사회주의, 공산주의, 전체주의만 있어야 한다는 식으로 과민반응을 하고 있다. 전과 4범 이재명은 소련은 해방군, 미군은 점령군으로 한반도에 왔다는, 대한민국을 전복해야 한다는 이석기의 경기동부연합과 연대하고 있는 종북 빨갱이다. 지금까지 사상전에서 보수 우파는 종북 주사파에 밀렸다. 사회적 위기 상황이 되면, 북은 남에 있는 민노총, 전교조 등에 지령을 내리고, 남쪽의 친북 세력은 그대로 실행하여 대규모 반정부시위를 벌이는 형국이 계속되고 있다.

보수 논객 류근일이 지적한 것처럼, 문재인식 전체주의 빨갱이 세력은 국가보안법으로 색출해 정리해야 한다. 빨갱이는 자유민주 대한민국이 용납할 수 없는 적폐 중 적폐 세력이다.

Part 4

공산
주의란

무엇인가?

첫째

사상은 반드시 결과를 낳는다
Ideas have consequences

나는 교육심리, 상담심리, 종교심리를 연구하여 박사학위Ph.D.를 취득한 사상전문가다. 내가 사회과학자로서 인지심리학을 통해 배우게 된 한 가지 진리는 "사람은 생각하는 대로 행동한다"라는 것, 즉 사상은 결과열매를 낳는다는 것이다.

사상, 이념, 관념, 세계관, 믿음, 종교가 사람마다 다를 수 있다. 우리나라는 둘로 갈라져 있는데, 북한은 주체사상이라는 종교로 뭉쳐있고, 남한은 하나님을 믿는 기독교인들과 천주교인, 불교, 천도교, 이슬람교가 공존하는 종교 다원주의 사회다. 북한에는 사상과 표현의 자유가 없고, 남한에는 종교의 자유, 사상과 표현의 자유가 있다.

야밤이 되면 북조선은 암흑천지가 되고, 남한은 대낮같이 밝은 빛으로 찬란하게 빛나는 지상천국이 되는 것을 보면, 공산사회주의와 자유민주주의가 서로 다른 결과를 낳는다는 것을 실감하게 된다.

북조선민주주의 인민공화국은 소련 스탈린에게서 마르크스·레닌주의, 공산주의사상을 받아온 김일성에 의해서 세워진 나라고, 대한민국은 선교사들에게 복음을 받은 이승만에 의해서 건국된 나라다. 70여년 전 이승만은 한성감옥에서 성경을 읽다가 "하나님, 나를 구원하시고, 우리 민족을 구원해 주소서"라고 기도함으로 예수님을 만나 회심하게 된다. 작은 불꽃 하나가 큰 산을 태운다는 말이 있다. 누구든지 그리스도 안에 있으면 새로운 피조물이 된다(고후 5: 17).

> "그리스도께서 우리를 자유롭게 하려고 자유를 주셨으니 그러므로 굳건하게 서서 다시는 종의 멍에를 메지 말라"(갈 5:1).

이승만 박사가 가장 좋아했던 성구이다.

4월 26일자 조선일보는 "이승만은 대한제국 시기 감옥 생활1899-1904 중 자유민주주의 기본 얼개를 형성했다"라고 보도했다. 속도보다 더 중요한 것은 방향이다. 북한은 공산주의, 인민민주주의를 선택했고, 미국에서 국제정치학을 연구하며 독립운동을 한 이승만은 기독교에 기반하여 반공주의, 미국식 자유민주주의, 자유시장경제를 선택했다.

공산주의 실험
이론과 실제

　우리나라 국민들은 공산주의, 사회주의에 대해 낭만적이고 관용적인 생각을 하는 성향이 있다. "젊어서 공산주의가 아닌 사람은 가슴이 없다"라고 하거나 "한때 젊어서 좌파일 수도 있지~", "공산주의는 이론은 좋으나 현실이 나쁜 거지"라고 말하는 것을 보면 알 수 있다.

　공산주의가 1억 명이 넘는 무고한 인명을 학살한 것을 보면 열매가 나쁜 것은 알겠는데, 왜 이론이 좋다고 하나? 그들의 선전을 들어보라. 막스, 레닌, 모택동, 김일성 등이 내세우는 포장용, 선전용 용어에 속은 탓이다.

　"가난한 자들이 주인이 되는 세상, 민중이 진짜 잘 사는 나라, 착취와 억압이 없는 나라, 모두가 평등하게 잘 사는 나라."

　공산주의자 대통령 문재인은 "사람이 먼저다"라면서, "한 번도 경험해 보지 못한 세상"을 만들겠다고 국민을 우롱하지 않았던가! 모두가 잘 사는 세상이라는 선전에 현혹되기보다 공산주의, 사회주의의 본질을 제대로 통찰할 필요가 있다.

공산주의는 크게 철학이론, 정치이론, 경제이론으로 구분할 수 있다. 마르크스주의는 정치경제적 막시즘과 문화막시즘, 즉 네오막시즘으로 나뉘어서 우리나라를 공략하고 있다.

1. 철학이론

마르크스의 철학이론에는 유물변증법과 이를 역사적으로 적용한 사적역사적유물론이 있다.

첫째, 유물변증법은 "헤겔의 변증법과 포이에르바하의 유물론을 결합하여 만든 것이다. 헤겔은 "역사는 정正-반反-합合의 끊임없는 과정을 통해 발전하는데, 이 변화를 이끄는 동력은 절대정신"이라고 주장하였다. 마르크스는 헤겔의 변증법에서 절대정신을 빼고 그 자리에 유물론을 집어넣어 유물변증법을 만들었다. '정-반-합의 역사발전의 원동력은 물질'이라는 이론이다. 물질이란 경제를 의미한다. 공산주의자들은 역사의 운행주체가 하나님이 아니고 물질이라고 믿는다.

둘째, 역사적 유물론은 정-반-합의 역사철학의 원리를 현실 역사에 적용했다. 따라서 마르크스는 역사의 변천 과정을 5단계의 발전단계로 본다.

①원시 공동사회

②고대 노예제사회

③중세 봉건사회

④근대 자본주의사회

⑤공산사회

근대 자본주의사회도 또 다른 사회적 모순으로 계급투쟁이 일어나 마지막 단계로 공산사회로 진보한다는 것이다. 이 공산사회는 모두가 평등하게 잘 사는 이상사회로 모두가 능력에 따라 일하고 필요에 따라 분배하는 사회이다. 이러한 5단계 사회로 진보하게 하는 원동력은 경제력이라고 보았다. 사회를 구성하는 하부구조인 경제력이 변하면, 정치, 법률, 예술, 문화 등 상부구조가 종속적으로 변하여 새로운 사회로 진보해 간다는 것이다.

2. 정치이론

마르크스의 정치이론에는 계급투쟁론, 폭력혁명론, 프롤레타리아독재론 등이 있다. 계급투쟁론은 한 사회 내에는 생산수단을 소유한 자본계급과 착취당하는 노동계급이 투쟁하여 폭력혁명을 일으켜 이 전의 체계를 무너뜨리고, 다음의 단계로 진보한다는 것이다. 공산주의자들은 자본주의 경제 관계를 부르주아계급이 프롤레타리아 계급을 착취하는 구조로 본다. 두 계급의 대립이 한계점에 이르면, 노동자들이 폭력혁명을 일으켜 자본가들을 타도하고 프롤레타리아 독재체제를 거쳐 사회주의, 공산주의 사회로 변혁한다는 것이다.

3. 경제이론

마르크스는 자본주의 필멸론을 먼저 선포해놓고, 노동가치설, 잉여가치설, 착취설 등의 이론을 통해, 자본주의가 왜 착취구조이고 왜 노동자에 의해 폭력혁명이 일어날 수밖에 없는가를 [자본론]이라는 책을 통해 설명하였다.

원래 생산품의 가치는 투입된 자연, 노동, 자본, 기술의 결합물이다. 어떤 상품의 가치는 노동력, 자본력, 기술혁신 등이 종합되고, 수요-공급의 원리에 따라 시장에서 결정되는 것이다. 그런데 노동가치설에서는 가격을 정하는 다른 요소는 빼버리고 노동자의 기여도만 인정한다. 따라서 기업가^{자본가}들이 가져가는 이익은 원래 노동자들의 몫을 착취해 가는 것으로 본다.

마르크스 자본론은 기업경영의 실상을 무시하고, "노동자, 농민 여러분! 분노하고 봉기하라. 당신이 가져야 할 돈을 자본가가 빼앗아 가고 있다. 자본가를 없애고 자본주의 체제 자체를 없애고 우리가 주인 되는 세상을 만듭시다"라고 선동한다.

마르크스 이론은 증명된 이론이 아니고 하나의 가설이었다. 무신론자, 유물론자인 마르크스의 문제는 바로 자본가의 역할과 시장경쟁체제의 장점, 그리고 본성적 이기심을 무시하는 데 있다. 과거 소련과 동유럽, 중공, 북한 등이 자본가들을 숙청하고 사회주의 통제경제를 시도하였지만, 모두 무참하게 실패한 바 있다. 자유보다 평등을 추구하는 사회주의 체제는 정치뿐만 아니라, 경제까지, 심지어 가정과 개인 심리까지도 감시하고, 억압하고 통제한다.

공산주의란 공산 엘리트들이 용어혼란전술, 통일전선전술, 사법투쟁전술, 폭로전술 등을 활용하여 정권을 쟁취하려는 사악한 이데올로기일 뿐이다. 공산주의의 모토는 목적이 수단을 정당화한다는 것이다. 그래서 공산주의자들은 도덕과 양심에 어긋나는 일을 아무런 죄책감 없이 할 수 있다. "공산주의자는 법률 위반, 거짓말, 속임수, 사실 은폐 따위를 예사로 해치우지 않으면 안 된다"레닌. "어떠한 행위도 예컨대 살인이나, 양친에 대한 밀고라도 공산주의의 목적에 도움이 된다면 정당화된다"공산주의자 신조.

역사의 실험은 끝났다

구소련, 동유럽, 중국, 북한 등은 마르크스·레닌의 사회주의, 공산주의 건설 이론에 따라 정권이 수립됐다. 인류역사상 특정 이념, 이론에 기초해 사회가 건설된 것은 20세기 공산국가들이 처음이다.

공산주의의 힘은 1991년 소련공산당이 해체되면서 70년 만에 사실상 끝났다. 왜 실패했을까? 간단하다. 마르크스의 가설과 이론이 틀렸기 때문이다. 계급투쟁과 프롤레타리아독재론, 자본주의 절대빈궁론, 잉여가치설뿐 아니라 뼈대 이론인 경제결정론사관유물사관부터 결정적

으로 틀렸다. 이론이 틀렸는데 현실에서 어떻게 성공할 수 있나? 잘
못된 계급투쟁론과 프롤레타리아독재이론 때문에 20세기 인류사회의
절반 이상이 억울하게 죽거나 개고생을 했다.

인간의 역사는 자유의 확대를 위한 투쟁의 역사였다. 자유는 인류
보편의 가치다. 하나님이 주신 천부적 가치다. 예수님은 "진리를 알지
니 진리가 너희를 자유케 하리라"고 말씀하셨고, 건국 대통령 이승만
은 "그리스도께서 우리를 자유케 하려고 자유를 주셨으니 다시는 종
의 멍에를 메지 말라"고 가르쳤다. 하지만 지금 북한 주민은 김정은
정권에서 정신적, 물질적으로 사실상 노예로 잡혀있다.

헤겔은 '역사의 발전은 자유의 확대 과정'이라고 말했다. 자유의 확
대라기보다 다양한 개성, 보다 다양한 재능이 생산 현장과 사회 각 부
분에 투입되어 제 역할을 한다는 의미다.

북한은 1970년대까지도 경제력에서 대한민국을 앞서갔다. 이런 상
황이 역전된 것에는 남북체제가 가지고 있는 자유의 확대 과정이라는
과정의 차이가 작용했다. 이승만에 의해 시작된 자유민주주의, 시장경
제체제는 민주화의 진통을 거치면서 자유의 확대 과정을 밟아나갔다.

반면 북한은 김일성 가문을 절대 군주화, 수령제일주의, 주체 사상
화하여 자유를 질식시켰다. 북한은 자유와 인권이 없는 노예국가다.
자유가 질식당한 곳에는 획일화되고, 획일화된 사회에서는 다양한 개
성과 재능도 각 영역에서 활동할 기회를 상실한다. 결국, 북한은 지상
낙원을 추구·표방했지만, 표현의 자유, 거주이전의 자유 등 기본인권

을 누리지 못하는 지옥으로 전락했다. 계급독재체제에서 자유, 인권, 민주주의가 실현되는 것은 불가능하다.

못된 사회주의, 공산주의, 독재정치가 김부자 3대가 나라를 70여 년 통치하는 동안 북한은 세계 최빈국 곧 거지 나라가 되었다. 문제는 북쪽이 선택한 정치체제, 사상 체제에 있었다. 수령절대주의가 경제를 망치는 주범이 확실하다. 잘못된 봉건주의, 공산주의 사상 정치가 경제의 목줄을 죄고 있다.

대한민국의 건국과 산업화, 민주화는 모두 근대화라는 거대한 역사적 전개 과정의 중요한 단락들이다. 그러나 공산국가 북한의 존재 목적은 남조선을 해방시키는 것이다. 북한인민의 인권신장을 위해서라도 경제력에서 50배나 높은 자유 대한민국이 북한을 해방시키는 것이 역사의 순리가 아니겠는가!

한미동맹, 기독교입국론은 이승만이 건국한 네 개의 기초석이다. 대통령이 된 이승만의 목표는 반공, 자유, 민주주의에 입각한 통일민족국가의 수립이었다.

대한민국 건국은,

⑴ 조선왕조의 위정척사

⑵ 민중 토착 종교의 서양 혐오

⑶ 마르크스주의 민족해방론

⑷ 남로당 민족 사회주의 위세에 정면으로 대항한 1세대 문명 개화론의 구현이었다.

이 근대 문명의 지향이 6·25 남침으로 총붕괴하기 직전, 이승만 대통령은 그 위기를 한미동맹과 국제연대로 극복했다류근일.

이승만 대통령은 중국, 소련과 연대하는 대륙문명권보다 미국, 영국 등과 연대하는 해양문명권의 일원이 되는 것을 선택하였다.

공산주의자 문재인은 주체사상을 신봉하는 586 정치인들과 함께 미국을 배척하고 대륙 밑으로 들어가려고 시도했다. 문재인은 민족해방 민중 민주주의 혁명을 일으켜 나라를 북한에 흡수통일하려 했다. 천만다행으로 문재인과 이재명의 반동적 시도는 극적으로 좌절되었다.

이번에 국민이 선택한 대통령은 주체사상을 신봉하지 않는 자유민주주의자다. 가치관이 비슷한 사람나라과 연대하는 것은 극히 자연스러운 것이다. 한미동맹 70주년을 맞아 윤석열 대통령 내외가 미국을 국빈 방문하고 왔다. 이번 기회에 핵 안보 공약은 더 튼실해질 것이고 한미동맹은 군사동맹을 넘어 가치동맹으로 한층 더 강화될 것이다.

하나님이 보우하사 우리나라 만세!

이상사회는 신기루!

공산주의의 창시자 칼 마르크스는 "의식이 존재를 결정하는 것이 아니라 존재가 의식을 결정한다"는 의미심장한 말을 했다. 생각하는 것이 인간을 결정하는 것이 아니라 물질적, 경제적 구조가 존재를 결정한다는 것이다.

이것은 예수님이 말씀하신 **"사람이 떡으로만 살 것이 아니요 하나님의 입으로부터 나오는 모든 말씀으로 살 것이라"**(마 4:4) 하신 말씀과 정면으로 배치된다. 결국, 역사의 운행 주체가 하나님이 아니라 물질이라는 말이다피영민, 2009.

다음의 마르크스 신조는 유물론적 세계관을 잘 보여주고 있다.

"나는 경제물질, 돈가 모든 것을 규정한다고 믿는다."

이것이 이른바 사적 유물론historical materialism이라는 것인데, 경제적인 구조가 모든 실재와 인간의 삶을 지배하는 법칙이며 경제체제가 사회 전체 구조와 발전 방향을 결정 짓는 핵심 요인이라고 보는 것이다. 마르크스는 그 어떤 것보다도 경제가 모든 인간관계와 사회관계를 결정 짓는다고 보았다.

이런 유물론적 세계관은 공산주의와 사회주의가 망하면서 역사에서 사라진 것이 아니고, 오늘날 자본주의 국가에서 '물질주의'란 이름으로 돈을 신처럼 섬기고 있는 모든 사람의 뇌리에 자리 잡고 있으며 그 힘은 물신주의物神主義와 함께 날이 갈수록 강해지고 있다.

마르크스주의의 핵심 교리는 계급투쟁론이다.

"나는 역사를 계급투쟁이라고 믿는다."

유명한 [공산당선언]에 있는 정치선언이다. 지금까지 존재했던 모든 사회의 역사는 계급투쟁의 역사로서 자유인과 노예, 귀족과 평민, 자본가와 노동자 등 한마디로 지배자와 피지배자가 서로 맞서 온 역사였다는 이론이다.

그래서 사회주의 계획경제는 노동자 계급인 프롤레타리아 계급이 혁명을 통하여 부르주아 계급을 축출하고 국유화된 부를 기반으로 배급제도를 시행하려고 한다. 공산주의가 추구하는 이상사회지상천국는 "능력만큼 일하고 필요한 만큼 가져가는" 모두가 잘 사는 사회다. 하지만 모두가 잘 알고 있는 대로 이런 이상사회는 이 지구상에 한 번도 실현된 적이 없다. 왜 그런가?

공산주의의 문제는 우선적으로 하나님이나 영혼의 존재를 부정하는 유물론에 있지만, 두 번째 본질적인 문제는 잘못된 인간관에 있다.

사탄 숭배자 마르크스는 놀랍게도 부르주아 계급을 악의 무리로 보고 프롤레타리아를 선한 무리로 보았다. 인간은 부패하고 타락한 존재여서 자기중심적이고 이기적이다. 그러나 마르크스는 인간은 필요를 만족시키기 위하여 자연과 투쟁하는 존재이며, 노동을 통해 자기 자신의 욕구, 필요, 소망, 의식을 만듦으로써 진정한 인간이 되어야 한다고 주장했다. 인간의 행동을 촉발하는 것은 추상적인 이성이나 이론보다는 사회적인 이해관계, 즉 돈이라고 믿었다.

이런 마르크스의 인간관은 크게 빗나갔다. 사람들은 그가 전제한 것처럼 그렇게 이타적인 존재가 아니다. 자본가나 노동자나 인간은 모두 타락한 죄인들로서 결코 이타적이 아니다.

기독교인 관점에서 인간성은 통제 불능이다. 인간은 전적 타락, 전적 부패, 전적 무능의 존재이며, 인간의 마음이 만물 가운데 가장 부패하다(예레미야 17:9). 인간성은 오직 성령이 내주하실 때만 변화한다는 것이 기독교의 인간관이다.

> "또 새 영을 너희 속에 두고 새 마음을 너희에게 주되 너희
> 육신에서 굳은 마음을 제거하고 부드러운 마음을 줄 것이며
> 또 내 영을 너희 속에 두어 너희로 내 율례를 행하게 하리니
> 너희가 내 규례를 지켜 행할지라"(에스겔 36:26~27)
> "우리를 구원하시되 우리가 행한 바 의로운 행위로 말미암지
> 아니하고 오직 그의 긍휼하심을 따라 중생의 씻음과 성령의
> 새롭게 하심으로 하셨나니"(디도서 3:5)

초대교회 예루살렘 교회에 성령 충만한 성도들이 "다 함께 있어 모든 물건을 서로 통용하고 또 재산과 소유를 팔아 각 사람의 필요를 따라 나눠주는" 일이 있었다(사도행전 2:43-44). 타락한 이기적 인간이 이러한 공동체를 자력으로 이루어본 적은 한 번도 없었다.

소련과 중국, 북한의 계획경제 현장에서 사람들이 "필요한 만큼만 가져가도록 하기 위해서는" 강제배급제가 불가피했고, 강제배급제가 시행되자 사람들은 창의적으로 일할 의욕을 잃었으며, 능력만큼 일하지 않았다. 자본주의 시장경제 국가는 번영 발전하였으나 사회주의 경제는 100년을 버티지 못하고 붕괴되었다.

강제배급제의 시행과 노동의 강요를 위해서는 지속적인 독재적 권력의 공포통치가 필요했다. 서로를 감시하는 가운데 가정윤리는 가차없이 파괴되었고, 주체사상공산주의과 경쟁 관계에 있는 모든 종교, 특히 기독교는 가혹하게 탄압당했으며, 자유와 선택이 배제된 노예 생활에 지친 동포들은 목숨을 걸고 자유와 평화, 번영이 있는 자유대한민국으로의 탈출을 감행하고 있다.

넷째
세속적 종교, 공산주의/주체사상은
거짓말 사기

만민중앙교회 교주 이재록이 15년 형기를 다 마치지 못하고 사망했다고 한다. 하늘궁을 운영하며 교주행세를 하는 허경영씨가 정치 지도자인가, 종교 지도자인가가 화제가 되고 있다. 상습적 성폭행범 교주 정명석JMS이 30년 형을 구형받아 100세가 넘어 출소하게 된다고 한다. 일본에 뿌리를 둔 왜색 신흥종교 창가학회 교주가 사망했다고 한다. 인터콥 선교회와 다락방이 이단인가, 아닌가가 계속 교계의 관심사가 되고 있다. 구원파 교주 이요한과 박옥수가 아프리카 여러 나라에 진출해 선교 현장에 파란을 일으키고 있다.

종교는 우리 개인이나 사회, 국제적으로 늘 관심거리가 된다. 20세기 최고의 신학자의 하나로 여겨지는 폴 틸리히Paul Tillich1965는 종교를 "궁극적 관심"ultimate concerns이라고 정의했다. 그는 궁극적 관심의 대상을 셋으로 나누어 건강, 돈, 성, 권세, 명예 같은 것은 가假종교라고 하고, 민족주의, 사회주의, 공산주의 같은 정치이념이나 사상체계에 대한 궁극적 관심은 사似종교라 하고, '진정으로 궁극적인 것'에 관심을 갖는 것을 '종교 자체'로 보았다. 복음주의 진영의 신학자 조쉬 맥도웰Josh McDowell은 공산주의를 세속 종교secular religion로 분류하였다. 놀라운 것은 마르크스와 모택동, 김일성은 하나님, 영혼, 사후세계 같은 초자연을 믿지 않는 유물론자들이다. 따라서 세속종교로 분류되지만, 그 영향력은 힌두교, 이슬람, 기독교, 천주교를 능가한다고 할 수 있다.

종교의 핵심은 '궁극적 실재와의 관계에서 이루어지는 변화의 체험이다'오강남. 종교학자에 의하면, 종교체험은 '궁극적 실재'로 여겨지는 것에 대한 반응으로, 인간의 전全존재로 대응하는 전폭적인 반응이다. 종교체험은 그 강도로 보아 가장 강력하고 포괄적이고 심오한 체험이며, 언제나 행동을 수반한다. 우리가 종교체험을 표현할 때, 크게 세 가지 형태, 곧 생각으로, 행동으로, 사귐으로 표현한다는 것이다.

종교전문가 입장에서 볼 때, 현재 한반도에서 가장 막강한 영향력을 행사하고 있는 종교는 주체사상이라는 종교다. 공산주의의 아류에 속하기 때문에 지금부터 공산주의에 대해 비판하는 글을 쓰려고 한다.

우리나라에서 좌파 공산주의라는 이념과 종교에 대해 가장 체험적으로 잘 아는 분은 자유민주당 대표 고영주 변호사이다. 그는 간첩 잡는 공안검사 출신으로 NL, PD 등 많은 간첩을 수사했던 종북주사파 586 운동권에 정통한 반공주의자다.

우선 공산주의 이론과 이념은 모두 "사회적 약자노동자, 농민, 여성를 이용하여 정권을 획득하려는 사기극"이라는 것이다. 어떻게 사기를 치느냐?

첫 번째, 공산주의 이론은 '이중 구조'로 돼 있다. 모든 이단에 대외 선전이론과 내부 실천이론이 따로 있는 것처럼, 공산주의 이론은 전부 '공산주의 선전이론'일 뿐이고, 실제로 자기들에게 적용하는 실천이론은 따로 있다.

두 번째, 공산주의자들은 '용어혼란전술'을 쓴다. 그들은 우리 민족끼리, 민족이라는 말을 자주 쓰는데, 한겨레라는 뜻으로 쓰는 게 아니고, 주한미군철수라는 배타적 의미로 자주 민족이라는 말을 사용한다. 우리는 전쟁이 없는 상태를 평화라고 생각하는데, 북한이나 주사파들은 '온 세상이 공산화되어 있는 상태'를 평화라고 한다.

세 번째, 궤변을 쓴다. '언뜻 들으면 그럴듯한데, 자세히 따져보면 진실이 아닌 것'을 말한다. 가짜뉴스를 참인 것처럼 퍼뜨려 참인 것처럼 믿게 만든다.

네 번째 사기 수법은 '억지'다. 주체사상을 소개할 때, 처음에는 "사람은 자연의 주인이요, 사회의 주인이요, 자기 운명의 주인이다. 그래서 사람은 우주 만물 중에서 가장 고귀한 존재다"라고 시작한다. 여기에 틀린 말이 어디 있는가?

그런데 두 번째 단계에 가서는 의외의 화두를 던진다.

"인간은 왜 태어났고 사람은 왜 사느냐?"

이때 주사파는 "사람은 혁명을 위해 태어났고, 혁명을 위해서 산다" 라고 단정해버린다. 이런 억지가 어디 있는가.

북한에서는 인간과 사람을 구별한다. 인간은 생물학적 존재로서의 인간이고, 사람이라 그러면 계급투쟁의식으로 각성 된 인간을 사람이라고 한다. 문재인이 '사람이 먼저다'라고 했을 때, 그가 이런 뜻으로 사람을 사용한 것을 국민 중에 몇 명이나 눈치를 챘겠는가!

이제 마지막으로 다섯 번째가 '반복선전'인데, 좌익들은 정권을 잡으면 무조건 언론을 장악해, 거짓말을 반복해 국민 세뇌작업을 하는 것으로 유명하다.

공산주의에 대해 우리가 알고 있는 건 전부 선전이론이다.

"노동자와 농민이 주인이 된다. 계급이 없는 사회를 만든다. 능력에 따라 일하고 필요에 따라 분배한다. 공산주의가 진짜 민주주의다."

이런 것이 바로 선전이론이다.

그런데 저들의 실천이론에 들어가면 뭐라 하는지 아는가?

"계급 간에 권력을 나눠가질 수 없다. 농민들 믿지 말라. 농민에게는 절대 권력을 나눠주지 말라."

농민은 사적 소유에 대한 애착이 있기 때문에 언제든지 부르주아와 영합할 수 있는 그런 기회주의적 속성이 있다는 것이다. 그래서 쁘띠 작은 부르주아, 즉 사회일반 노동자와 자본가의 중간계급에 속하는 소상인, 수공업자, 하급 봉급생활자, 하급 공무원 등을 권력에서 완전 제외시키라고 한다.

그래서 공산주의자들은 민주주의 중앙집권제, 민주집중제라는 궤변을 쓴다. 수백 수천의 노동자들이 주권을 행사할 수 없으니까 노동자들이 주권을 공산당에다 위임한다고 한다. 중앙위원회의 주권은 정치국에 위임하고, 결국에는 주권을 하나뿐인 수령에게 위임해야 한다. 그래서 실천이론에 따르면, 어느 공산주의 국가든지 소련, 중공, 북한 공산주의 사회는 수령 1인 독재체제를 갖게 되어 있다.

세계사적으로 공산주의의 위험성을 제일 먼저 간파한 것은 이승만 대통령이었고, 그다음에는 빌리 그래함 목사, 소련과 동구 공산체제를 무너뜨린 레이건 대통령이다.

반공주의자 이승만을 통해 자유민주주의 국가를 건설할 수 있었던 것은 대한민국이 받은 최대의 축복이다.

우리나라에서는 북에서 순교한 조만식 장로, 남으로 월남한 한경직 목사, 김동길, 김형석 교수, 6·25 때 직접 공산당의 잔학성을 직접 목도한 김준곤 목사, 조용기 목사 같은 분들이다. 공산주의자들은 무신론, 유물론 이단자들로서 무조건 배격하고 멀리해야 할 대상이다.

586운동권 세력이 물러날 때가 되었다. 윤석열 대통령이 반反대한민국세력을 척결해야 한다고 공언하고, 한동훈 국민의 힘 비대위원장이 왜 "운동권 특권정치의 폭주를 청산해야 한다. 한미공조와 원칙 있는 대북정책을 추진해야 한다"라고 하는지 아직도 이해가 가지 않는가!

다섯째
공산주의 이데올로기 때문에
나라가 위태롭다

인간은 종교적 본성을 갖고 태어났다. 하나님을 섬기지 않으면 대신 다른 것을 섬길 수밖에 없다. 본질적으로 하나님께 의존해야 하는 인간이 다른 피조물을 의존하는 존재로 전락한 것이다. 창조주 하나님을 떠난 인간은 피조물을 조물주보다 더 경배하고 섬기는 것이다(롬 1:25). 하나님을 안 믿는 사람은 아무 것도 안 믿는 것이 아니라 무엇이든 믿게 된다G.K.Chesterton.

내가 어렸을 때, 할머니는 북두칠성에게 빌었고, 어머니는 '육룡리 할머니 무당'을 찾아다니셨다. 부모님 보다 개화된 나는 참 하나님을 만나기 전 구원파라는 이단에 빠져 거짓 선지자를 믿고 따르기도 했다. 현대인들도 피조물을 창조주로 오해하여 여러 우상에게 복을 빈다. 국회의원과 대선주자들도 불안하면 무당을 찾는다.

우상숭배는 인간의 외면뿐 아니라 내면까지 바꾼다. 하나님을 경배할 때 하나님을 닮아가고, 우상을 섬길 때 우상을 닮는다. 이 시대에는 진보주의, 인본주의, 배금사상, 기술주의, 진화론, 그 외 온갖 이데올로기들이 현대판 우상으로 사람들의 숭배를 받고 있다.

"마지막 날에 어떤 자들이 믿음에서 떠나 미혹하는 영들과
귀신의 가르침을 따르리라"(딤전 4:1)

인간은 종교적 본성을 갖고 있기 때문에, 하나님을 섬기지 않으면 돈, 권력, 명예, 사이비종교, 인본주의, 물질주의, 사회주의, 공산주의 등 각종 이데올로기, 가짜 하나님을 따르고 섬긴다. 나는 한반도에 나타난 사이비종교 중 가장 치명적인 것이 김일성을 "민족의 태양이요 하나님"이라고 믿는 수령제일주의 주체사상이라고 본다.

일제 36년 동안 한국교회는 신사참배라는 우상과 싸웠다. 해방 후 지난 70여 년 동안, 우리는 마르크스-엥겔스의 공산주의, 김일성 3대의 주체사상이라는 우상숭배 이념과 맞서 싸우고 있다. 최근 95세 된 남파 간첩 박00은 6.25 전후 박헌영 남로당 총책이 각종 파업과 반란을 주도했다면, 김대중은 제2의 박헌영으로, 문재인은 제3의 박헌영으로 활동한 간첩이라고 폭로했다. 이들의 치하에서 민노총, 전교조, 언론, 종교계가 붉게 물들었다는 것을 지금 우리는 실감하고 있다. 윤석열 대통령 취임 후 좌우간의 영적 사상전은 더욱 치열해지고 있다.

지난 70여년간 경제전에서는 남한이 북한을 60배 정도로 앞서고 있는데, 사상전에서는 북한이 우리를 압도하는 형국이다. 북한은 2천만

이 모두 주체교인이고 남한에도 간첩을 포함해 수백만이 종북 좌파 주체세력이다!

전 세계 모든 공산주의자들은 자신들을 '진보'progress라 부르는데, 이는 마르크스-레닌의 '역사발전의 진보론'에 따른 것이다. 586운동권 진보진영은 사회주의, 민족주의, 반미-반일-종북-친중 이념에 함몰되어 있다.

자본주의-자유민주주의는 '수구'보수이고 공산주의-사회주의는 진보이며, 미국과 일본은 분단의 원흉이자 민족의 원수이고, 대한민국은, 친일-친미파가 민족을 배반한 나쁜 나라이며, 악당인 미국-일본과 싸운 어버이 김일성 수령은 영웅이니, '민주기지'인 북한과 손잡고 미제로부터 민족을 해방시켜 남한을 적화통일하자는 게 남조선 해방론의 골자다.

30년간 진보좌파 운동을 하다가 전향한 민경우2021는 주체사상은 북한에 국가 정통성이 있다는 역사관임을 고발한다. 일제강점기를 친일파와 독립운동가로 양분하고, 독립운동 중 김일성의 반일 빨치산 운동을 긍정적으로 구성한 역사다. "역사에서 누구를 존경하느냐?"는 주사파의 정체성을 확인하는 바로미터가 된다.

"이념과 사상보다는 사람"을 강조하며, 주사파는 결국 정체를 확인함에 있어 어떤 사상을 가지고 있느냐가 아니라 누구를 존경하느냐를 묻는다민경우의 증언. 사랑과 경배의 대상인 하나님의 자리에 김일성 3대가 들어간다. 그래서 모든 종북 주사파는 "위수김동"위대한 수령 김일성 동지과

"친지김동"친애하는 지도자 김정일 동지 그리고 절대존엄 김정은 동지를 읊조리는 것이다. 주사파 김씨 왕조를 신격화하는 우상숭배 집단이다.

이상원 교수에 의하면, "한국교회와 한국 그리스도인들에게는 두 유형의 거대한 악의 세력으로부터 나라와 교회를 지키라는 특수작전 명령이 하달되어 있다. 하나는 마르크스주의이고, 다른 하나는 신新마르크스주의, 즉 문화마르크스주의다."

미국에도, 한국에도 문화마르크스주의라는 악령이 동성애, pc의 가면을 쓰고 정치, 사회, 문화, 교육 영역에 그 세력을 넓혀가고 있다.

사탄은 본질적으로 반역의 영이다. 예수님이 말씀하신대로, "도둑사탄이 오는 것은 도둑질하고, 살인하며, 멸망시키려는 것뿐이다"(요 10:10). 영혼과 가정, 교회를 파괴하고 있다.

이데올로기ideology란 무엇인가?

이데올로기이념란 희망이라는 사회적 목적을 달성하기 위하여 계몽주의자들이 사용한 가치, 개념, 신념, 규범의 체계였다. 이데올로기의 개념을 가장 명확하게 규정한 것은 마르크스주의였다고 할 수 있다. 구체적인 행동과 실천을 위한 프로그램이라는 점에서 종교와 유사하다고 할 수 있다. 이데올로기는 절대성을 가진 이념체계로서 자기 상대화와 자기비판을 허용하지 않으며 나아가 구체적이고 획일적인 행동을 지시한다Pascal.

공산주의는 무신론과 물질주의를 전제로 하며 인간은 완전하여 스스로의 노력으로 공산사회이상향를 만들어낼 수 있다는 인본주의를 기초로 하고 있다. 주체사상은 인간이 자신을 구원할 수 있다는 암묵적 가정을 하고 있다. 저들은 하나님을 믿지 않고 영혼의 존재나 내세의 심판 같은 것은 믿지 않는다. 능력에 따라 일하고 필요에 따라 나눠 쓰는 이상사회를 약속한다. 따라서 모두가 평등한 사회, 이상사회를 이룬다는 목적을 달성하기 위해서는 지식인과 자본주의 기업가 등 반동분자는 죽여도 되고 특히 기독교인들은 무자비하게 처단해도 된다.

목적은 수단을 정당화한다The end justifies the means는 목표윤리가 당연시된다. '진리는 총구에서 나온다'라는 레닌의 말이 이를 단적으로 보여준다. 진리는 총구에서 나오는 게 아니라 하나님께로부터 나온다. 기독교윤리에서는 목표달성뿐만 아니라 동기나 과정도 동일하게 중요하다. 기독교 세계관에서는 목표goal뿐 아니라 동기motive, 과정 process, 방법method이 모두 선해야 한다.

마르크스주의에서는 사회주의혁명을 성취할 수만 있다면, "폭력, 선동, 거짓말, 배은망덕, 내로남불 등 어떤 수단이라도 미사여구로 수식하여 정당화해도 된다"고 강조한다. 레닌1920은 "공산주의자들은 어떤 희생이라도 감수할 준비가 되어 있어야 하며 필요하다면 내용을 불문하고 모든 지혜와 책략과 술책에 호소하고 불법적인 방법을 사용하고 사실을 은폐, 또는 왜곡시킬 각오가 되어 있어야 한다"라고 역설하였다.

이러한 철학에 따라, 좌파들은 광우병 시위, 세월호 촛불시위를 통해 정권을 전복, 탈취해 연방제 통일을 도모하려 시도했었다. 공산주의자들은 지난 문재인 정권에서 보았듯이 장기집권과 연방제 통일이라는 목표를 달성하기 위해서 부정선거, 탈원전, 공수처, 연동형 비례제, 반사드 정책, 탈북민을 되돌려 보냄, 정전협정, 반일, 주한미군철수 등 각종 불법과 탈법을 도모하였다. 국민을 둘로 갈라놓았고 목표도 방법도 잘못되었다.

우리 민족사에 공산주의의 위험을 가장 먼저 간파하고 대처한 지도자는 이승만 박사였다. 그는 국제정치학자로서 마르크스의 공산주의가 사유재산을 불허하고 가정을 파괴하며, 종교단체를 탄압하고, 자본가를 없애려 한다는 것을 간파하고, 대한민국을 자유민주주의, 종교의 자유, 자유시장경제, 한미동맹의 기초 위에 건국했다.

Part 5

주체사상이란

무엇인가?

첫째

남과 북을 가르는 종교

주체사상

70여 년 전 이승만은 남한에 자유민주주의 국가를 건설했고, 김일성은 북한에 인민민주주의 공산국가를 세웠다. 1973년까지는 북한이 남한을 이기는 것 같았으나 70년대를 넘기며 남북체제는 토끼와 거북이의 경주처럼 자유민주주의의 우월성이 드러났다. 남북의 격차를 확실히 보여주는 것은 야경 사진이다. 북한은 암흑천지이고, 남한은 전국이 휘황찬란한 역동적 모습을 보여주고 있다.

경제전에서는 남한이 압도적 승리를 거두어 우리나라는 북한의 계속되는 방해공작에도 불구하고 세계 10대 경제대국이 되었고, 북한은 인민 수백만 명이 아사餓死 하는 세계 최빈국이 되었다. 국력에서 우리나라는 북한에 비해 58배를 더 잘 산다는 통계가 있다.

그러나 사상전에서는 다른 형국이 전개되고 있었다. 해방직후부터 박헌영의 남로당이 사회주의와 민주주의를 구분하지 못하는 남쪽 백성들의 마음을 도둑질하고 있었고, 6·25 전쟁 이후에는 북조선이 남파

간첩과 자생간첩을 통해 남한의 야당 민주당과 정의당 등과 학생 운동권에 절대적 영향을 미쳤다.

주사파는 주체사상을 신봉하는 사람들이다. 이들은 현재 반反대한민국세력을 형성하고 있는데, 어떤 과정을 통해 이들은 친북 반미사상을 공유하게 되었나?

좌파 주사파 운동은 대략 3단계로 전개되었다 이수봉.

1단계, 즉 1980년대 이전에는 반공사상이 철저했기 때문에 엄선된 엘리트 전위들이 주로 북한과 연계된 지하활동을 했다. 통혁당과 남민전이 대표적 조직이라 할 수 있다. 통혁당과 신영복이 이론적 토대를 제공했다.

당시 활동가들은 남조선 혁명을 위해서는 무엇이라도 할 각오가 되어 있었다. 이들에게 한국은 미국의 식민지였고 지배세력은 타도되어야 할 대상이었다. 나라의 정통성은 김일성의 북한에 있었고, 김일성 주석은 혁명의 수령이었다. 이런 사상으로 무장한 활동가들 중 일부가 북한의 공작원과 관계를 맺고 있었다.

2단계는 주로 서울대, 연대, 고대를 중심으로 하는 엘리트 주사파들의 시대였다. 이 당시는 강철서신의 김영환과 중부지역당 황인오 등이 대표적 인물이었다. 대표적 지하 써클이 민혁당이었다. 김영환의 전향은 이들 주사파들에게 직접적 영향을 미쳤다. 이때 생겨난 것이 경기동부연합, 광주전남연합과 같은 조직들이다.

3단계는 시기적으로 90년대 후반으로 주체사상이 대중적 토대를 확보하면서 비엘리트층에서 정파적 진지를 확보하는 단계이다. 놀라운 사실은 이들에게 교과서처럼 읽혔던 책이 리영희의 [해방전후사의 인식]과 신영복의 책들이었다.

NL, PD 계열의 학생 운동권이 민주화운동과 종북 주사파 운동을 하는 동안, 통혁당, 인혁당, 구국학생연맹, 전국애국학생투쟁연합, 반미청년회, 민혁당, 한민전, 사노맹, 중부지역당, 구국전위, 왕재산 일심회, 범민련, 한총련, 전대협, 민중당, 민주노총, 통합진보당, 민주노동당, 진보당, 경기동부연합, 인혁당, 남민전, 한민전, 창원 제주 간첩단, 남총련, 자민통 그룹 등 무수히 많은 조직과 단체들이 조직되었다 사라져갔다.

범민련 남측본부 사무처장으로 세 번의 옥고를 치르고 우파로 전향한 민경우는 이 역사를 몸으로 경험했던 사람이다. 그는 [86세대 민주주의]와 [스파이 외전]에서 안희정, 김경수, 정청래, 송영길, 하태경, 김부겸, 우상호, 오영식, 임종석, 양정철, 임수경, 이석기, 양경수, 이인영, 정봉주 등이 주사파의 전성기였던 80년대 후반에서 90년대 중반까지 어떻게 학생운동을 함께했는지를 기록하고 있다. 문제는 이들을 관통하고 있는 주체사상이 이승만 폄하, 반미자주, 반일, 친북, 종중, 김구 추앙을 배경으로 하고 있다는 것이다.

나는 우리나라의 정통성이 김일성이 아니라, 1948년에 건국한 이승만의 대한민국에 있다고 믿는다. 그리고 좌우합작을 주장한 김구는 절대로 국부대접을 받아서는 안된다고 믿는다. [건국전쟁]이라는 영화를 보라.

주체사상^{주사파}은 인민민주주의혁명론에 기초하고 있으며 북한에 민족정통성이 있다는 역사관에 기초하고 있다. 일제강점기를 친일파와 독립운동가로 양분하고, 독립운동 중 김일성의 빨치산 활동을 긍정적으로 구성한 역사다. 근현대사를 북한중심으로 재배치한 이 역사관은 1980년대 중반 학생운동권에 도입되어 영향을 미치고 있다^{민경우}.

운동권에 참여한 적이 없는 종교사상가인 나에게 충격을 준 것은 주체사상이라는 종교에서 중요한 것은 유일사상 10대 원칙과 같은 사상이나 이념이 아니라는 것이다. "이념과 사상보다는 사람을 강조하며 역사에서 누구를 존경하느냐?"가 주사파의 정체성을 확인하는 바로미터가 된다는 것이다^{민경우}.

주사파는 정체를 확인함에 있어 어떤 사상을 갖고 있느냐가 아니라 누구를 존경하느냐를 묻는다. 주사파는 수령론을 정점으로 구성되어 있다. 모든 사상과 이론이 수령에 대한 충성을 중심으로 구성되어 있다. 따라서 주사파를 이해하기 위해서는 주체사상의 이론구조보다 사람들의 마음이 어디로 가는가를 보는 것이 옳다. 주체교는 김일성을 교주로 하는 세계10대 종교로 인정받고 있는 것도 이러한 이유 때문이다. 따라서 이 세속종교에서는 김일성 3대에 대한 충성맹세가 중요하다.

주체사상은 수령, 당, 대중을 하나의 역사의 주체라고 생각하는데, 이때 사고의 중심은 뇌수, 즉 수령이라는 것이다. 노동자와 농민 등 대중은 독자적으로 판단, 사고하기 보다는 수령과 당의 결정을 무조건 집행해야 한다. 이것을 민경우는 증언하고 있다. 시간이 흐르면서 주사파 상당수가 이런 성향으로 변화해갔다.

PD 계열 마르크스-레닌주의자로 활동하다가 전향한 김문수전 경기지사, 현 경제사회노동위원회 위원장가 증언하는 것처럼, 한때 주사파였던 김일성주의자 국회의원들이더불당 의원중 70명 득실득실하며 교수 변호사, 판사 등도 셀 수 없이 많다민경우, 2023. 사법부가 지금은 좌파판사들에 의해 장악당해 있다고 할 수 있다이수봉.

민노총, 전교조, 주사파 출신 국회의원들의 공통점은 신영복, 리영희의 세계관에 영향을 받았고, 북한의 역사관을 따라 모든 것을 판단하기 때문에 반미친북 성향에 민중민주주의를 지향하고, 검찰과 조선일보·중앙일보·동아일보 등을 악마화 한다는 것이다.

우리나라에서의 체제전쟁은 결국 이승만-김일성의 양자대결이다. 해방 전후 정치적 식견으로 공산주의, 사회주의는 결국 망하고, 자유민주주의가 승리할 것을 내다 본 정치인은 이승만이 유일했다. 여운형과 김구, 김규식도 공산주의의 실체를 직시하지 못했고 양비론의 한계에 빠져있었다. 주사파는 일관되게 이승만을 친일 미제괴뢰라며 폄하하였다. 반면 김구, 여운형의 대를 이어 김일성 3대와 좌우합작을 추구하며 연방제 통일을 타협하려 한 것이 김대중, 노무현, 문재인이었다. 적어도 박정희, 전두환, 노태우는 철저한 반공주의자였다. 정치학자 이수봉이 말한 것처럼, 좌파가 우파로 전향한다는 것은 현실적으로 천동설에서 지동설로 바뀌는 인식의 전환 없이는 불가능한 것 같다.

둘째
주체사상교
신앙고백

　"전능하사 당과 인민을 영도하시는 김일성 주석을 내가 믿사오며 그 외아들 김정일 동지를 내가 믿사오니 이는 공산당으로 잉태하사 미제 국주의자들에게 박해를 받으시고 저리로서 인민을 해방하러 오시리라. 아멘."

　두레수도원 김진홍 목사2019는 평양 고려호텔에서 [김일성, 그이는 하나님]이라는 책을 사서 읽었는데, 그 책에 위와 같은 신앙고백이 실려 있었다고 한다.

　김일성과 김정일에 대한 우상숭배는 김정은에게 그대로 이어지고 있다. 최근에 민노총 간첩단이 '김정은 수령님'께 보낸 충성맹세문의 일부가 공개되었다. 그리스도인들이 여호와 하나님과 예수님께 하는 신앙고백을 자구만 바꾸어 그대로 반복하고 있다.

"사무치게 그리운 위대한 김정은 장군님은 우리와 함께 계십니다. 이 땅에 낙원을 펼쳐주시려 생신날도 쉬지 않으시며 불면불휴의 현지 지도에 오르셨던 아버지 장군님! 해마다 이날이 되면 그리움의 눈물로 가슴적시며 맞이 합니다. 인자한 미소와 따사한 품으로 안아주셨던 그 사랑이 그립고 또 그립습니다."

1월 30일 민노총 간첩단이 북한 김정은에게 보낸 충성맹세문이다. 우리나라 야당 국회의원 70명이 이런 충성맹세를 한다고 가정해 보라. 신영복, 문재인, 문익환, 백기완, 윤미향, 안희정, 이인영, 우상호, 임종석, 송영길, 이석기...등이 위와 같은 신앙고백을 하며 김일성, 김정일, 김정은에게 비밀리에 충성맹세를 한다는 것을 상상해 보라.

주체사상교에 심취해 범민련 남측본부장으로 오랫 동안 복무하다가 전향한 민경우 대안행동 대표는 주체사상을 다음과 같이 소개하고 있다.

주체사상이란 무엇인가?

주체사상은 1980년 후반, 1990년대 초반 NL, PD 학생 청년들의 마음을 사로잡았다. 근현대사를 재배치한 이 역사관은 1980년대 중반 학생운동권에 도입됐다. "이념과 사상보다는 사람"을 강조하며, "역사에서 누구를 존경하느냐?"는 주사파의 정체성을 확인하는 바로미터가된다.

전대협-한총련-남총련-자민통-반미청년회-중부지역당-경기동부연합 등 많은 조직이 지나갔지만, 이들을 관통하는 것은 이승만을 저주하고 김일성을 수령으로 숭배하며 이들이 반미, 친북 주체사상을 신봉한다는 것이다.

북한의 최고 통치이념.

북한 사회주의 헌법 제4조에서 "조선민주주의 인민공화국은 마르크스, 레닌주의를 우리나라의 현실에 창조적으로 적용한 조선로동당의 주체사상을 자기활동의 지도적 지침으로 삼는다"라고 규정하고 있으며, 당규약 전문에서 "조선로동당은 오직 위대한 수령 김일성 동지의 주체사상, 혁명사상에 의해 지도된다"로 규정한다. 주체사상은 북한의 유일지도사상이다.

북한이 "사람중심의 철학사상"이라고 밝히고 있는 주체사상은 세가지로 구성되어 있다.

1) 철학적 원리
2) 사회역사적 원리
3) 지도의 원리

철학적 원리에서 주체사상은 "사람이 세계의 주인이며 모든 것을 결정한다"라고 밝히고 있다. 인간을 '자주성, 창조성, 의식성'을 가진 물질세계의 가장 발전된 존재로 규정하고 있다.

이 때문에 인간은 자연과 사회를 개조하는 주체이며, 매개 나라의 혁명과 건설의 주인은 그 나라 인민대중이며 그것을 추동하는 힘도 인민대중 자신에게 있다는 것이 사회역사적 원리이다.

지도의 원리는 주체사상에서의 '주체'는 개인이 아니라 '인민대중'이며 인민대중은 당과 수령의 영도하에서 하나의 사상, 하나의 조직으로 역사발전에 주체가 될 수 있다는 논리이다.

[주체사상 이해]라는 책을 쓴 이규학 목사는 "북한에는 공산주의나 사회주의보다 훨씬 위험한 김일성 주체사상이 있다"라고 말하며, 주체사상을 "사이비 이단 중의 최고의 이단"이라고 규정했다.

일부의 종교학자들은 주체사상을 세계의 10대 종교로 평가하고 있다. 초기 주체사상은 마르크스 레닌주의와 비슷한 형태였지만, 북한의 공산주의는 민족주의적 성격을 지닌 사상체계로 변하게 된다.

김일성은 "사상에서 주체를 세워야 정치, 경제, 국방 등 모든 분야에서 주체를 세울 수 있다"면서, 사상적 주체, 정치적 자주, 경제적 자립, 국방의 자위를 내세운다. 1974년 김정일이 주체사상을 단순한 이데올로기로 내세웠으나 김일성이 인민에게 사회정치적 생명을 부여하는 수령으로 부각되면서 주체사상은 종교적 차원으로 발전하는 계기가 되었다. 주체사상이 종교적 신앙으로 심화된 것은 바로 사회정치적 생명론이 완성되면서부터이다.

주체사상은 수령의 신격화, 신비화를 통해 인격화된 초인간적이고 위대한 것에 대한 믿음, 신에 대한 믿음을 형성하고 있다. 게다가 주체사상은 유일신교에 비유될 만큼 배타성을 지니고 있다. 김일성이 사망하기 전에는 지상에서 살아서 활동하는 신이었지만, 사망 이후에는 보이지 않는 세계에서 정신적으로 영향력을 행사하는 신적인 존재로 변화되었다.

김일성의 아들인 김정일이 보이지 않는 김일성의 화신이라는 논리가 더 발전된다면, 김일성은 성부인 자기자신과 성자 김정일, 성령 김정은이 삼위일체를 이룬 기독교의 하나님과 같은 형이상학적 신으로 자리잡을 수 있다.

김일성은 "공산주의에 대한 신념은 공산주의자들의 고상한 정신적 풍모다. 공산주의자들은 인류의 최고이상인 공산주의의 승리를 굳게 믿고 그것을 위하여 자기의 모든 것을 바쳐 투쟁하는 고상한 품성을 가지고 있다"고 말한다김일성 저작집 26.

주체사상은 해방신학과 민중신학에서 말하는 사회구원을 강조하고 내세가 아닌 현실세계를 해석하는 실천적 종교적 성격을 지니고 있다. 주체사상이 신봉하는 신은 공산주의라는 절대적 미래이며 역사적, 과학적 필연으로서 도래할 공산주의에 대한 신념이다이규학, 2020.

주체사상의 십계명

북한의 주체사상도 숭배대상인 김일성에 대해 지켜야 할 행위규범을 '10대 원칙'으로 명문화하고 있다. 기독교에서의 10계명처럼, 북한에서도 소위 "유일사상 체계확립의 10대 원칙"으로 나타나 있다. 북한은 10대 원칙이라는 율법을 만들어 모든 분야에서 김일성 3대에 충성하도록 하고 있다.

김일성은 육체를 가진 인간으로 신을 대신하는 기독론적 성격을 지닌다. 이런 점에서 김일성은 출생부터 성장과정 및 정치활동에 이르기까지 모두 신성화된다.

김일성이 출생한 만경대와 혁명전적지의 성역화 및 각종 상징물을 제작하고 김일성이 도토리로 총알을 만들 수 있었다든가 낙엽을 타고 강을 건넜다는 것, 그리고 천리 밖을 내다 볼 수 있는 능력을 가지고 있다는 식으로 김일성을 신격화한다.

"백두산의 정기를 타고나 천지조화를 다 알고 축지법을 써 하늘을 마음대로 날아다니며 모래로 쌀을 만들고 솔방울로 폭탄을 만들며, 가랑잎을 띄우고 대하를 건너가는 만고의 영웅", "한 번 노려보면 사나운 원수도 가을풀같이 쓰러지며 미소를 바라보면 마른 나무에도 잎이 돋고 꽃이 핀다"내외통신사, 171호, 1980.

김일성 무오설

신적인 존재로서의 김일성 위상은 그의 결정이 언제나 옳다는 소위 김일성 무오설에도 여실히 나타난다. 김일성의 생각은 언제나 옳고 오류가 없다는 것이다. 주체사상도 수령 김일성의 결정에는 오류가 없으며 그 권위를 무조건 따라야 한다고 주장하고 있다는 점에서 김일성은 기독교의 하나님과 같은 존재에 해당한다.

말 그대로 주사파란 주체사상을 신봉하는 사람들을 말한다. 주사파는 수령론을 절정으로 구성되어 있다. 모든 사상과 이론이 수령에 대한 충성을 중심으로 구성되어 있다. 따라서 수령과 당에 대한 충성이 사상을 가르는 징표이다. 따라서 주사파를 이해하기 위해서는 이론구조보다 사람들의 마음이 어디로 가는가를 보는 것이 옳다민경우, 2021.

1950년대부터 같은 한반도 남쪽에 살아가면서, 가장 존경하는 사람이 이승만 대통령이 아니고, 소련군 대위 김일성이라고 대답하는 주사파가 수백 명이 되고 판검사 가운데 김일성 장학생도 한두 명이 아니라고 생각하면 인생의 무상함이 느껴지는 것은 나 혼자뿐일까!

셋째
이재명의 정체는
종북 주사파

1980년대 이후 지난 수십 년간 한국사회의 가는 방향을 좌지우지 해온 것은 주사파, 공산 운동권 세력이라 할 수 있다도태우.

우리나라에서 반反대한민국, 친북 종북 주사파세력은 문재인, 조국, 이재명, 송영길 등에 의해 대표된다고 할 수 있다. 마르크스-레닌주의 PD민중민주계열에 몸 담았다 우파 정치인으로 전향한 김문수전 경기도 지사, 현 경사노위 위원장가 지적한 것처럼, 윤석열이 공산주의자 이재명을 물리치고 대통령이 되기까지 지난 4, 5년간 청와대와 사법부, 그리고 더불어민주당국회은 김일성주의자들에 의해 장악되었다 해도 과언이 아니다.

더불당과 정의당은 주체사상과 사회주의 이념에 뿌리를 둔 이념적 정당이라 할 수 있다. 이재명, 윤미향, 정청래 같은 주사파가 차별금지법, 노란봉투법, 방송법, 전단금지법 같은 악법을 통과시키고 있어도 국민의 힘당은 맥을 추지 못하고 있다.

국민이 뽑은 윤석열 대통령이 김대중, 노무현, 문재인과는 다르게, 자유, 인권, 법치를 공유하는 미국, 영국, 일본, NATO 등과 가치연대를 하며, 이승만, 박정희처럼 부국강병에 부합하는 정치를 잘 하고 있는데도, 친북, 친중으로 경도되어 있는 더불당과 정의구현사제단, 민노총 등은 무턱대고 윤석열 탄핵을 외치고 있다.

주사파 척결, 공산운동권의 극복과 종식은 우리시대의 최우선 과제가 되고 있다. 친북, 친중을 표방하는 운동권 세력은 척결대상이다.

현재 시국에서 주체사상파 정치세력^{주사파}을 정치사상 전문가 도태우는 다음과 같이 세 계열로 분류하고 있다.

⑴ 구 통진당계열: 이석기, 이재명 등
⑵ 범민주당계열: 임종석, 이인영 등
⑶ 보수표방계열: 김영환, 하태경 등

첫째로 이재명, 이석기의 통진당 계열은 북한 김씨 3대의 주체사상을 거의 답습하고 있다. 이들은 유일사상 또는 수령절대주의파라 할 수 있다.

둘째 계열은 범민주당 계열로 임종석 전 대통령 비서실장, 이인영 전 더불당 원내대표 등 70명의 더불당 국회의원들을 대표적 인물로 볼 수 있다.

셋째 하태경, 김영환은 지금 개혁보수를 표방하는 정치 세력으로 우리가 앞으로 주의해서 보아야 할 대상이다.

문제는 첫째와 둘째 두 계열이 김일성주의자들로서 그들이 수령절 대주의를 따르고 있다는 것이다. 수령은 오류가 있을 수 없고, 신격화되어 사소한 것도 모독하면 안 되고 심지어 수령과 관련된 모든 물품은 신성시되어 수령의 사진이 있는 신문지로 신발을 쌌다가는 북한에 갔다가 고문을 당해서 죽은 미국 청년 웜비어처럼 죽게 될 수도 있다는 것이다. 한마디로 수령 또는 최고 존엄 김정은을 위해서는 목숨을 버릴 수 있어야 한다는 것이다. 오토 웜비어는 21세의 미국 대학생으로 북한을 여행하던 중에 호텔에서 정치 선전 포스터를 훔친 혐의로 평양 공항에서 체포되어 고문을 당하다가 17개월만에 의식불명의 상태로 풀려나 미국으로 이송되었으나 귀국 직후 세상을 떠났다.

　문재인은 최연소남파간첩으로 대통령직을 수행하면서 USB, 통계조작, 탈원전 등 여러 가지 이적죄를 범하였다는 자료가 넘쳐난다. 현재 더불당 대표로 있는 이재명은 10가지 이상의 범죄에 연루되어 있는 전과 4범의 중범죄인이다.

　또한 이재명은 통진당 이석기, 경기동부연합의 조종을 받고 있는 종북주사파이다. 그의 반일종북친중 행보는 "소련은 해방군이고 미국은 점령군"이라는 발언과 김성태 쌍방울 회장과 경기평화부지사 이화영을 통해 800만불 이상을 북한 정권에 상납했다는 기록을 통해 드러나고 있다. 그는 이미 평양을 별도로 방문해 우대를 받은 바 있다. 2024년 초에는 "우리 북한...김일성, 김정일의 노력을 폄훼해서는 안 된다"는 말로 그가 종북주의자인 것이 드러났다. 이재명은 대한민국을 전복해 북한에 바치려는 이석기의 경기동부연합과 보조를 같이하며 친북 노선을 주창하며 통일운동에 매진하는 종북세력의 수장이다.

김사랑 작가와 장영하 변호사에 의하면, 이재명의 배후에는 개딸 뿐만 아니라 대한민국을 전복해 북한에 바치려했던 이석기의 경기동부연합이 도사리고 있다. 이런 주사파 빨갱이가 대통령이 되면, 반일, 반미 정책에 종중, 종북 저자세 정책을 쓸 것은 명약관화하지 않은가!

우리 국민 가운데는 이재명의 정체를 직시하지 않고 그를 유능한 정치인으로 호도하는 이들이 적지 않다. 검찰총장 출신 대통령이 부정선거 수사에 손을 댄다고 하니 희망을 가져보지만, 문재인과 이재명을 구속해 처벌하지 않는 나라의 장래를 걱정하지 않을 수 없다.

넷째
유행가에서
단물과 쓴물이 나온다

울려고 내가 왔던가 웃을려고 왔던가
비린내 나는 부둣가에 이슬 맺힌 백일홍
그대와 둘이서 꽃씨를 심던 그날도
지금은 어디로 갔나 찬비만 내린다1941

1997년까지 이 노래는 조영출 작곡으로 밝혀지기까지는 고운봉 작곡
으로 등록돼 있었다. 조영출은 조명암이라는 이름으로 꿈꾸는 백마
강, 목포는 항구다 등 히트곡을 수십편 작사한 음악인이다.

해방 후 조영출은 조선연극동맹 등을 조직하고 좌익문예운동을 주
도했다. 일찍이 김일성을 흠모한 조영출은 김일성의 항일투쟁을 극화
해 동양극장에 올리기도 했다.

1948년 8월 조영출은 조선민주주의인민공화국 수립을 위한 최고
인민회의에 참가하는 남조선대표 일원으로 선출돼 월북했다.

6·25 남침을 앞두고 조영출은 '미제와 남조선 괴뢰도당에 대한 치솟는 증오심'을 담아 전시가요 '조국보유의 노래'를 작사했다. 전후에도 조영출은 공산주의자로서 김일성과 북한체제를 찬양하는 작품을 열정적으로 창작했다.

"만고의 영웅이며 절세의 혁명가이신 아아 김일성 원수이시여 당신은 우리 인민들 속에 광명으로 오셨습니다. 행복으로 오셨습니다."_{수령} 이시어 만수무강하시라. 1968

남한에서 조영출은 _{박원순이 주도한}2009년 친일반민족행위 진상조사위원회가 발표한 친일반민족 행위 705인 명단에 올랐다. 그러나 북한에서는 조영출의 친일이력을 문제삼지 않았다. '위대한 수령'과 '경애하는 지도자'가 아끼는 작가의 흠결을 들추어내는 것은 공화국에 대한 반역이었기 때문이다.

조영출은 대한민국을 배반하고 김일성과 조선민주주의인민공화국에 충성 맹세한 종북음악가였다. 지금도 몸은 남한에 살고 있지만, 사상적으로는 김일성과 북조선에 충성하는 연예인이 있다. 김미화, 김제동 등은 친북 연예인으로 알려져 있다. 이인영, 정청래, 우상호, 강기정 등 정치인들이 종북주사파인 것은 널리 알려진 사실이다. 더불어민주당에 속한 의원 70명이 주사파로 북한전단금지법 교회폐쇄법, 차별금지법 등 북한에 유리한 입법을 하고 있다. 민노총 간첩단을 잡아도 처벌하지 않는 세상이 되었다. 반공주의자 이승만, 박정희가 주사파를 색출하는데 썼던 국가보안법이 힘을 발휘하지 못하는 시대가 되었다.

북한 정권에 충성하는 정의구현사제단과 좌파목사들도 있지만, 그래도 희망적인 것은 연예인 중에도 우파 애국자로 자기 정체성을 드러내는 이영애, 홍수환, 이상용 같은 이들도 있다는 것이다.

빨갱이 주사파 조영출의 시와 노래를, 목포 유달산에, 제주도 외돌개 해안에 세워 그의 예술혼을 기리는 것은 홍범도 소련군 대위와 광주 정율성 중공군 작곡가를 기리는 것 못지 않게 잘못된 것이다. 개인의 정체성을 유지하는 것도 중요하지만, 나라의 정체성은 우리와 후대를 위해 더욱 더 중요하다.

당신은 김일성이 세운 북조선을 사랑하는가? 자유민주주의자 이승만이 세운 대한민국을 사랑하는가? 이승만, 박정희의 후예들은 김일성에 세운 조선민주주의 인민공화국의 정통성을 인정하지 않으며, 독재자이며 사기꾼인 김일성, 김정일, 김정은 3대를 만고의 영웅 민족의 태양, 최고 존엄이라 믿지 않는다. 우리는 북조선과 같이 자유가 없는 전체주의 수령독재국가에 살고 싶지 않다.

> "한 입에서 찬송과 저주가 나오는도다 내 형제들아 이것이
> 마땅하지 아니하니라 샘이 한 구멍으로 어찌 단 물과 쓴 물
> 을 내겠느냐"(야고보서 3:10~11)

우리는 한 입으로 주 하나님을 찬송하고 같은 입으로 사탄의 화신 김일성 3대를 정치 사회적 생명영생을 수여하는 '하나님'으로 찬양할

수는 절대 없다.

오죽했으면, 광주 한복판에서 애국청년이 머리를 땅바닥에 처박고 주체사상에서 돌이키고 우리 반성하고 회개하자고 외치겠는가?

젊은 시절 구원파, 지방교회, 몰몬교 등 사이비 기독교, 이단에 빠져 우상숭배를 하다가 살아계시고 참되신 하나님께로 돌아온 전과자로서 호소한다. 김일성김정은은 신천지 이만희, JMS 정명석, 장길자 하나님 어머니보다 더 사악한 주사파 사이비 이단의 교주이다.

김일성 3대는 우리 민족에게 300만의 죽음과 300만 이상의 아사자, 굶주림과 무수히 많은 고통을 안겨준 거짓 선지자일 뿐이다. 그는 숭배와 찬양의 대상이 아니라, 사도 바울이 말한 '다른 복음'different gospel을 전한 영원히 저주를 받아 마땅한 사탄의 화신, 세기의 독재자일 뿐이다.

참과 거짓, 빛과 어둠 사이에서 중도는 없다. 우리는 선택해야 한다. 좌파 기독교인이란 있을 수 없다. 주체사상은 사탄숭배사상이다.

다섯째
김일성 장학생들이 다스리는
대한민국

　김일성이 1973년 대남공작요원들에게 내렸다는 비밀보고서가 남파
공작원 김용구의 증언에 의해 드러난 게 있다.

　"남조선에서 고등고시에 합격되면 행정부, 사법부에도 얼마든지
파고 들어갈 수 있다. 머리 좋고 똑똑한 아이들을 데모에 내몰지 말고
고시준비를 시키도록 하라. 열 명을 준비시켜서 한 명만 합격해도 목
적은 달성된다. 각급 지하당 조직들은 대상을 잘 선발해 그들이 공부
에만 전념할 수 있도록 물심양면으로 지원하라."

　젊은 시절 대부분을 운동권으로 활동했다 전향한 대안연대 민경
우 대표에 의하면, 80년대 대학가에서 유행되던 말이 "운동하지 말고,
판, 검사가 되라"는 말이었다고 한다.
　남한의 학생운동가들에게 북한의 김일성은 전설적인 혁명 선배 그

이상이었다. 이들은 북한이 주장하는 담론을 절대적 진리로 받아들이고 있었다. 당시에는 전두환 군사정권에 대항하는 것이 민주화운동이었다. 한민전은 북한노동당의 지침을 받는 선전기구에 불과했다. 80년대 586운동권의 활동은 북한의 지시와 지휘에 의해 이뤄졌다. 따라서 당시에는 민주화운동과 주체사상운동이 구별되지 않았다_{이수봉}.

그때나 지금이나 종북 주사파들이 기본신조처럼 수용하고 있는 역사관을 들어보라.

⑴ 대한민국은 태어나지 말았어야 할 반민족적 국가이다.

⑵ 한국은 미국의 신식민지이며 정통성은 반일무장투쟁을 해온 북한에 있다.

⑶ 이승만, 박정희는 친일파였다.

⑷ 역사는 노동자가 주도하며 결국에는 노동자가 주인되는 세상이어야 한다.

⑸ 보수세력은 항상 재벌과 합작하여 민중을 탄압하는 정치집단이다.

이것은 김일성, 김정일, 김정은의 역사관이며, 북한에 나라의 정통성이 있다고 믿고 북한에 충성맹세를 한 종북주사파의 역사관이다.

대한민국은 이승만이 UN의 승인 아래 건국한 한반도의 유일한 합법정부인데도, 나라의 정통성이 소련공산당이 세운 김일성의 북한에 있다는 게 말이 되는가! 왜 우리 대한민국이 미국의 식민지인가! 국민을 자본가와 노동자로 양분하여 마르크스의 계급투쟁론에 꿰어맞춘

것도 문제이고, 이승만을 비롯한 남한의 무수한 지도자들이 반일 독립
운동을 한 것을 왜 무시하는가? 오직 김일성만 항일투쟁을 한 민족의
영웅이라는 것이 역사왜곡이 아니고 무엇인가!.

문재인 전 대통령이 공산주의자일 뿐 아니라 간첩이라는 주장이 화
제가 되고 있다. 김대중은 제2의 박헌영으로 종북주사파의 숙주였다.
그들에게 북한은 조국이었다.

북한은 어느 기준으로 보나 우리의 주적이다. 김정은도 최근에 대한
민국은 주적이라고 발언하지 않았는가!

지금 우리나라는 이희천 교수의 진단대로 내란 상태에 있다. 공산주
의냐, 자유민주주의냐를 두고 체제전쟁이 벌어지고 있다. 집권 1년 반
이 되었는데 문재인과 이재명, 박지원을 법적으로 처분하지 못하는 것
으로 드러나고 있다. 전과4범, 검사사칭, 총각사칭, 민주사칭, 중환자
사칭 이재명 국사범으로 계속 법망을 빠져나가도록 재판지연, 잘못된
판결로 그를 도와주는 사법부를 어떻게 이해해야 하나? 좌파판사가
아니라면 어떻게 야당(더불어 공산당)에게 무조건 유리한 판결을 하
는가!

우리법 연구회, 김명수 휘하의 권순일, 유창훈, 강규태 판사가 김일
성 장학금으로 판사가 된 것이 아니라면, 어떻게 이재명 같은 범죄자
에게 무죄판결을 하고, 재판을 계속 지연시켜 주다가 사표를 내고, 구
속할 혐의가 넘쳐난다고 인정하면서도 야당 대표라고 구속기각 판결
을 할 수 있는가? 결국 이들 좌파 판사들은 "내가 존경하는 민족의 영웅

김일성이라면 이 사건을 어떻게 판결할까"를 자문하고 판결하는 것이 아닐까 하는 의문을 떨쳐버릴 수가 없다. 종북 주사파가 아니라면, 보수 애국우파 국민은 나와 같은 의문을 갖고 있을 것이다.

대법원장이 교체되었는데도 재판 지연은 시정되지 않고 있어 국민은 답답하다. 한동훈 비대위원장이 운동권 특권정치 폭주를 청산하겠다고 하는데 어느 세월에 그 공약이 실현될까!

Part 6

회심

과

전향

첫째
이승만의 회심이
역사를 바꾸었다

사도 바울의 회심, 어거스틴의 회심은 기독교역사에서 아주 중요한 분기점을 이룬 것으로 알려져 있다. 그리스도를 만나 새 사람이 되어 살아계시고 참 되신 하나님을 섬기는 것보다 더 큰 축복은 없다.

8월 15일 건국기념일을 경축하면서, 독립운동가 이승만이 대한민국을 세운 분으로 새롭게 조명을 받고 있다. 종북 주사파 공산주의자들은 지금도 이승만 대통령을 친일파, 미국의 괴뢰, "하와이 깡패" 등으로 왜곡 폄하하고 있다. 윤석열 정부 들어서 "자랑스러운 대한민국 국부 이승만"으로 제대로 평가를 받기 시작한 것은 여간 다행스럽고 감사한 일이 아니다.

윤석열 대통령은 78주년 광복절 경축사에서, 70여년 전 해방을 전후해 박헌영의 남로당이 우리나라의 사회여론을 혼란스럽게 했듯이, 지금 현재도 "공산 전체주의를 맹종하며 조작선동으로 여론을 왜곡하고 사회를 교란하는 반국가세력들이 여전히 활개치고 있다"라고 시국을 진단하였다. 마르크스주의의 가르침에 따라, "공산 전체주의 세력은 늘 민주주의 운동가, 인권운동가, 진보주의 행동가로 위장하고 허위선동과 야비하고 패륜적인 공작을 일삼고 있다. 우리는 결코 이러한 공산 전체주의세력, 그 맹종 세력, 추종세력들에게 속거나 굴복해서는 안 된다"고 강조했다. 공산주의는 건국 초기부터 이승만이 맞서 싸웠던 세력이다.

최초의 개혁파 운동권 지도자의 회심

한국 근현대사를 돌아볼 때, 이승만은 386, 586 운동권 보다 먼저 봉건주의 왕정을 민주 공화정으로 바꿀 것을 요구하며 협성회를 조직하고 [협성회보] 제작 편집을 맡았으며 매일신문을 발간하였다. 서재필의 독립협회와 개혁파의 만민공동회를 주도해 민중 1만여 명 앞에서 친러시아 왕정을 폐지하고 민주공화국을 세울 것을 호소한 최초의 민족 지도자는 이승만이었다. 이승만은 신분평등과 민주주의를 외친 최초의 민주화 운동권 지도자였다. 이승만은 20대 젊은 시절 왕조 봉건국가 조선에 대한 대역죄를 범한 사형수가 되었다.

이 시위사건을 계기로 이승만은 국사범으로 체포되어 사형선고를 받고 한성감옥에서 갖은 고문을 받으며 5년 7개월을 보낸다. 100대 태형과 갖가지 고문을 당하고 목에 칼을 차고 성경을 읽다가, 배재학당에서 들은 설교사들의 복음이 생각났다. 죽음을 앞에 두고 이승만은 기도했다. "오 하나님, 나를 구원해 주시고, 이 민족을 구원해 주소서!" 그는 주변이 온통 빛으로 가득차고 마음이 사랑과 소망으로 충만해지는 경험을 하였다. 회심은 한 거듭난 사람이 회개와 믿음 안에서 하나님께로 돌이키는 의식적 행위이다Hoekema, 1989. 그는 양녕대군의 후예로서 자신의 죄를 회개하고 예수를 믿음으로 회심한 첫 번째 양반이 되었다.

1919년에 간행된 [신한민보]에는 다음과 같은 글이 실렸다.

"내가 확신하는 것은 이승만은 한성감옥에서 회심한 후로 줄곧 미국 유학시절이나 한국에 귀국해서나 자신을 선교사로 인식하고 있었다는 것이다. 후에 기술하겠지만 그가 한성감옥종로감옥에서 예수를 만나 회심하고 난 후 인생관이 바뀌고 조선을 예수교 국가로 만들겠다는 굳은 결심을 하게 된다."

이승만이 한성감옥에서 회심하여 "그리스도 안에 새로운 피조물"이 되면서, "우상을 버리고 하나님께로 돌아서서 살아계시며 참 되신 하나님"(살전 1:9)을 섬기는 선각자가 되었다. 감옥에서 죄수의 신분인 이승만은 동료 죄수들은 물론 간수까지도 하나님을 경외하는 사람으로 만들었다. 그후 선교사들의 추천으로 도미해 학사, 석사를 마치고 어떻게 프리스톤대학교에서 아시아인 최초로 국제정치학박사를 취득하였는지는 널리 알려져 있다. 무엇보다도 이승만은 세계사적으로 공산주의의 위험을 처음으로 간파한 지도자였다. 그는 공산세력을 하나님을 대적하는 용의 세력 곧 사탄의 세력으로 직시하고 공산주의가 타협이 불가능한 기독교의 불구대천의 원수인 것을 알고 백선엽 장군을 통해 남로당원 박정희를 전향시켰고, 간첩과 공산주의자들을 색출 처단하는 국가보안법을 제정해 반공 자유민주국가의 초석을 놓았다.

이승만은 초대대통령으로 우리나라를 자유민주주의, 자유시장경제, 한미동맹, 기독교입국이라는 토대 위에 건국한 것으로 알려져 있지만, 사실 그가 토지개혁과 교육개혁을 먼저 단행하지 않았다면, 우리나라는 1970년대 이후의 산업화와 민주화도 이룰 수 없었다.

개인에게나 국가에게나 속도보다 방향이 중요하다. 이승만이 회심하여 자유를 소중히 여기는 건국대통령이 되지 않았다면, 우리는 번영하는 자유민주주의 국가에 살지 못하고 북한과 같은 전체주의 노예국가에서 신음하고 있을 것이다.

국사편찬위원장을 역임한 유영익 박사는 "이승만 대통령은 세종대왕에 버금가는 유전인자를 가졌다. 이승만 대통령의 업적을 공功7과過3이라고 하는데, 건국초기 6·25 전쟁 등 당시의 시대적인 상황 속에서 권위주의가 어쩔 수 없는 것이었다면 공功이10이라고 해야 할 것이다"라고 평가했다. 이승만은 IQ가 높은 천재였고, 대인관계 지수 EQ도 높은 외교전문가였다.

"그리스도께서 우리를 자유하게 하려고 자유를 주셨으니, 그러므로 굳게 서서 다시는 종의 멍에를 메지 말라"(갈 5:1).

이승만 대통령이 가장 자주 인용한 말씀이다.

이승만은 옥중에서 [독립정신]이라는 책을 썼는데, 앞으로 대한민국은 기독교를 근본으로 삼아야 한다고 기록하고 있다.

"하나님이 세상에 예수 그리스도를 보내서서 인간의 길을 열어주셨다. 순전히 사랑하심이 아니면 어떻게 남을 위해서 몸을 버리셨겠는가? 지금 우리나라가 쓰러진 데서 일어나려고 하고 썩은 데서 싹이 나게 하려고 한다면 기독교를 근본으로 삼아야 한다. 그렇지 않으면 세계와 상통하여도 이 나라는 이익을 얻지 못할 것이며 신학문을 열심히 배워도 효과가 없을 것이다. 마땅히 우리는 기독교를 모든 일에 근본으로 삼아 각자 나의 몸은 잊어버리고 남을 위하여, 겨레를 위하여 한 마음으로 받들어 영국, 미국같은 나라가 되도록 최선을 다해야 한다. 여러분 내가 사형당하더라도 천국에서 다같이 만납시다."

이승만이 기독교로 회심함으로, 1948년 대한민국은 공산주의를 선택하지 않고 종교의 자유를 보장하는 자유민주주의 체제를 선택하였다. 오늘날 대한민국이 10대 강국, G8 경제대국으로 발전한 것은 모두 이승만의 회심이 있었기에 가능한 것이다. 이승만 한 사람의 회심이 자유 대한민국의 운명과 방향을 사회주의가 아닌 자유 민주주의로 바꾸게 했던 것이다.

박정희의 위대한 전향
남로당에서 반공주의자로

최근에 오랫동안 노동운동을 하다 우파로 전향한 정치인 가운데 [시대정신의 배신]이라는 책을 쓴 이수봉의 글을 읽은 적이 있다. 그는 이 책에서 미래에는 시대정신이 주사파 사회주의에서 초지성자본주의로 발전해야 한다고 제언하고 있다.

문재인 정권을 전후하여 가장 괄목할만한 사상의 전환은 아마도 막스-레닌주의 PD계열을 추종하다가 이승만과 박정희의 자유민주주의 체제로 전향한 김문수 전 경기도 지사의 전향을 들 수 있을 것이다. 그는 윤석열의 우파정권이 집권하면서, 경제사회노동위원장으로 노동정책을 주도하고 있다.

또 하나의 사상적 전향은 서울대 학생으로 이른바 민주화운동을 하다 세 번씩이나 옥고를 치른 미래대안연대 대표 민경우의 전향일 것이다. 현재 더불당을 주도하고 있는 586운동권의 실체를 내부고발자답게 속시원하게 폭로하고 있다.

경기도 7급 공무원 조명현은 [한 번도 경험해보지 못한 법카]라는 책을 써서 이재명 부부가 도청 공무원을 개인 심부름에 동원했다고 폭로하고 있다. 진실과 기름은 반드시 수면 위로 뜬다는 말이 있다. 좌파 공산주의자들의 실체가 시간이 가면서 계속 국민 앞에 밝혀지고 있다.

한국현대사회에서 가장 극적인 사상전향의 사례는 박정희 대통령의 경우라 할 수 있다. 남로당의 마지막 책임자로 알려진 박갑동이 남긴 증언에 의하면, 남로당 당 군사조직의 간부였던 박정희 대통령은 1948년 여순반란사건과 연루되어 사형선고를 받은 상태에서 사상전향을 선언하고 생명을 구제받게 된다.

국가보안법 제정

사상이란 한 국가공동체의 운영에 있어 대단히 중요한 것이다. 국군은 한 나라를 지키는 국가주권의 최후 보루인데, 14연대 반란사건으로 그 보루마저 믿을 수 없는 상황이 되자 이승만 대통령은 "지하공작으로 전국을 혼돈에 빠뜨리고 있는 공산주의자들을 단호하게 숙청하겠다"라고 담화를 발표하였다. 이처럼 반공태세가 강화됨에 따라 국가공권력은 남로당과 주요 좌익 지하단체의 조직 적발에 나섰다. 14연대 반란사건을 계기로 대한민국은 명실상부한 반공국가로 탈바꿈하기 시작했다. 이승만의 반공을 위한 강력한 의지는 1948년 12월 1일, 법률 제10호로 국가보안법이 제정되고 12월 20일 공포되는 것으로 표출되었다.

숙군작업의 최일선에서 간첩을 잡은 것은 김창룡 특무대장이었다. 다음은 이승만 대통령이 김창룡을 처음 만나 나누었던 대화의 일부이다.

"이 나라는 반공이 아니면 희망이 없는 나라야. 나에게는 귀관과 같이 젊고 멸공으로 남북통일을 할 수 있는 인재가 필요해!"

박정희는 대구에서 10.1폭동이 일어나기 직전인 1946년 9월 조선경비사관학교 2기생으로 입교했다. 당시 경비사관학교 교장은 만주군 군의관 출신 원용덕이었다. 박정희가 훈련을 받고 있을 때 대구에서 폭동이 발생하여 친형 박상희가 경찰이 쏜 총에 맞아 사망했다.

1948년 8월 박정희는 소령으로 진급했고 육군본부 정보국에 부임하여 14연대 반란 진압을 지휘하던 중 11월 11일 체포되었다. 남로당 군사부 책임자 이재복을 수사하는 과정에서 박정희가 남로당원임이 드러난 것이다.

재판기록을 보면 박정희의 죄목은 반란기도다. 1949년 고등군법회의에서 사형 구형에 무기징역과 파면, 급료몰수형을 선고받았다. "남로당에 가입 군내에서 비밀세포를 조직하여 무력으로 합법적인 대한정부를 반대하는 반란을 기도했다"고 적혀있다.

박정희는 헌병대에서 방첩대장 김창룡으로부터 조사를 받았는데, 김창룡이 "박소령은 직접 사람을 죽이거나 부대 물품을 빼돌린 게 아니잖소? 전향하세요. 군 내부 조직에 대해 말해주시오. 함께 나라를 살립시다"라고 권유하자 국군 내에 침투한 남로당원의 명단을 실토했다. 군내 남로당 조직표, 군내 지령문제 등의 결정적인 내용이 담긴

자술서를 적어 냈다. 남로당원을 색출하는데 협조한 것이 김창룡 등 방첩대원들을 감동시켰던 것이다.

박정희를 살린 것은 백선엽 당시 정보국장과 박정희의 사관학교 동기생인 김안일이었다. 김안일은 박정희의 자술서를 보고 백선엽에게 구명을 호소했다. 백선엽은 만주군 시절부터 박정희를 잘 알고 있었다. 그는 박정희를 정보국장실로 불렀다. 박정희는 한참을 묵묵히 앉아있다가 입을 열었다.

"나를 한번 도와주실 수 없겠습니까?"

어려운 처지에서도 침착한 그의 태도는 백선엽을 감동시켰다.

"도와드리지요."

백선엽은 김안일, 김창룡 등 실무자들의 의견을 물었다. 김창룡 등 조사관들은 모두 박정희 구제에 동의했다. 박정희를 재판했던 재판장은 "박 소령은 잘못을 뉘우치고 전향한 데다 그의 명망을 높이 산 군 수뇌부의 선처로 목숨을 건졌다"라고 회고했다.

백선엽은 6·25전쟁 발발 5일만인 1950년 6월 30일 박정희를 육군 소령으로 복귀시켜 육본 작전정보국 제1과장으로 임명했다. 군에서 쫓겨난 박정희를 다시 군으로 불러들인 것은 김일성의 남침 때문이었다.

공산주의자들은 정권장악이라는 목적을 모든 가치 판단의 기준으로 삼는다. 막스-레닌-스탈린의 제자 김일성은 "공산주의자는 법률위반, 거짓말, 속임수, 사실은폐 따위를 예사로 해치우지 않으면 안 된다. 살인, 폭력, 밀고라도 공산주의의 목적에 도움이 되면 정당화된다"라고 믿었다.

공산주의에서 전향한 박정희는 이승만의 대를 이어 철저한 반공주의자, 자유민주주의자로 일생을 헌신했다.

5·16의 6개 혁명 공약 가운데 두 가지가 '반공'이었다. "반공을 국시로 삼고 반공 태세를 재정비, 강화할 것"이 혁명 공약의 첫 번째였으며, 다섯 번째에서 "국토통일을 위하여 공산주의와 대결할 수 있는 실력을 배양한다"라고 다시 한 번 반공을 천명하고 있다. 1968년에 선포한 국민교육헌장은 "반공민주정신에 투철한 애국애족이 우리의 삶의 길이며 자유세계의 이상을 실현하는 기반"이라고 갈파喝破하고 있다.

동서 세계 모든 나라의 현대사는 '반공민주정신'이 없는 민주주의란 결국에는 민주주의일 수 없게 된다는 것을 증명하고 있다. 주체사상 공산세력과 대치하고 있는 우리나라가 번영할 수 있는 길은 오직, 이승만, 박정희가 물려준 반공정신으로 자유민주주의를 육성하는 길 뿐이다.

이승만이 세운
세계 10위권 경제 대국

오늘날 대한민국은 세계10위권에 속하는 경제대국으로 통한다. 70
여 년 전 만 해도 우리나라는 아프리카 가나와 맞먹는 세계 최빈국의
하나였다. 전 세계 식민지국가에서 해방된 나라 가운데, 대한민국처럼
빠르게 산업화와 민주화를 이뤄낸 나라는 없다고 한다. 믿을만한 국제
기관의 평가에 따르면, 국력이 세계 6위라는 평가다. 2차 세계대전이
끝난 이후로 새롭게 시작된 신생독립국가는 120여개 나라에 이른다.
이렇게 많은 나라들 중에서 우리처럼 산업화와 민주화에 이어 정보사
회화까지 달성한 국가는 대한민국이 단연 으뜸이다김진홍 목사.

정치적 기준이나 경제적 기준, 복지사회적 기준, 과학기술 수준에
서도 우리나라는 세계 최상위권 국가에 속한다. 필리핀, 베트남, 인도
네시아 같은 나라를 여행하다 보면, 우리나라가 앞서가는 선진국임을
실감한다.

나는 2023년 9월 학기에 경기도에 있는 국제대학원에서 세계 각지

가나, 나이지리아, 루완다, 네팔, 인도, 파기스탄, 필리핀 등에서 온 대학원생들에게 분석심리학과 결혼 및 가정상담학을 영어로 강의하고 있다. 이들 대부분은 한국이 공업대국임을 인정해 노동자로 입국해 돈벌이를 할 겸 한국에 온 김에 석박사 과정을 공부하고 있는 것이다. 고등교육수준에서도 한국은 선진국으로 인정받고 있는 게 분명하다.

이러한 번영과 발전의 기초는 언제 누가 놓은 것인가? 반일, 반미감정으로 우리의 역사를 왜곡 폄하하고 있는 종북 좌파 주사파들은 인정하고 싶지 않겠지만, 오늘날 대한민국은 1948년 우리민족이 낳은 선각자 이승만이 자유민주주의, 시장경제, 한미동맹, 그리고 종교의 자유를 허용하는 기독교입국을 국가의 기본원리로 국회, 사법, 정부를 순차적으로 만들며 대한민국이라는 현대국가를 세우면서부터 시작되었다.

역사학자 류석춘 교수가 요약한 대로, 한반도 남쪽에 1948년 새로이 등장한 나라 대한민국은 독립운동가 이승만의 주도하에

⑴ 전통 봉건주의 왕조국가를 근대국가로 탈바꿈시키고자 한 '근대화'의 의지
⑵ 일본식민 제국주의로부터 독립을 추구한 '항일'의지
⑶ 소련 공산전체주의에 반대한 '반공'의지를 발전의 발판으로 삼아 빠른 시간 안에 '한강의 기적'을 이뤄낼 수 있었다.

근대화, 항일, 반공이라는 동력을 결합할 수 있었던 것은 그가 미국에서 국제정치학자로서 외교적 식견을 쌓았기 때문에 가능한 일이었다.

일제 치하에 자유민주주의 독립운동을 한 사람도 있었고, 사회주의 ·

공산주의 계열의 독립운동가도 있었다. 아무리 독립운동가를 기린다 해도, 중국공산당원 정율성, 북한 로동당원 김원봉, 소련 공산당원 홍범도를 독립운동가로 평가하고, 좌우합작을 주장하며 김일성과 협상을 시도하고 이승만의 5·10선거를 방해했던 김구는 기념관과 동상으로 기리면서, 모든 난관을 무릅쓰고 대한민국 건국을 이뤄낸 이승만의 동상건립에 반대하는 것은 종북주사파뿐이리라.

이승만은 이미 70여 년 전에 유럽과 모스코바, 상해, 하와이, 워싱톤 등을 여행하며 외교적 감각을 키운 데다가, 공산주의의 위험을 제일 먼저 간파한 세계 지도자이기도 했다. 그는 기독교교육학자로서 무신론, 유물론, 계급투쟁론을 기반으로 가정과 교회, 국가를 파괴하는 공산주의 이념을 숙지하고 있었기 때문에, 김일성, 박헌영의 집요한 공산화 압력을 고집스럽게 뿌리치고 대구 폭동, 제주 4·3사건, 여순반란 사건을 통한 방해공작도 물리치고 5·10국회의원 선거를 감행해 민주 절차에 의한 국가를 건설하는데 성공하였다. 공산주의자들이 득실거리는 가운데 이승만은 국가보안법을 제정하여 간첩과 공산주의자들을 색출하였고, 국군 중에 간첩을 색출하는 숙군작업을 실시하여 반공 자유민주주의 국가의 기초를 놓을 수 있었다.

사유재산을 보장해주는 토지개혁과 전 국민 남녀 모두에게 의무교육을 실시함으로, 이승만이 국가가 나아갈 방향을 바로 잡아주지 않았다면, 박정희와 전두환의 산업화도, 김영삼과 김대중의 민주화도 이룩할 수 없었을 것이다. 개인사나 공동체의 역사에서 언제나 중요한 것이 속도가 아니라 방향이라고 했다. 이승만이 가장 잘한 것은 나라를 공산주의가 아닌 자유민주주의로 방향을 잡아준 것이다. 자유와 번영을 누리게 해준 건국의 아버지 이승만에게 여야, 좌우, 진보 보수를 떠나 우리 모두는 감사해야 마땅하다.

근현대 역사가 한국의 모세 이승만 박사의 업적을 웅변적으로 말해주고 있는데도, 좌파 김일성주의자들은 지금도 가짜 뉴스로 이승만을 폄훼하고 있다. 그들은 지금도 이승만을 남북분단의 책임자정읍발언, 친일부역자의 핵심후견인, 권력욕의 화신, 권모술수의 달인, 비겁하고 무책임한 런승만한강다리 끊고 자기만 살겠다고 달아났단다, 미국보다 미국의 이익을 더 옹호한 숭미사대주의자, 스위스은행에 부정축재한 돈을 숨겨두고 하와이로 망명한 비루한 독재자 등으로 본다모두가 근거가 없는 거짓된 프레임이다.

이승만과 그의 시대에 대한 완전한 무지요, 진실과 인격에 대한 살인 테러다. 이승만 격하가 노리는 것은 대한민국 격하요, 대한민국에 대한 자부심, 애착심, 그리고 애국심의 파괴다. 최근에 개봉된 영화 [건국전쟁]The Birth of Korea은 이승만에 대한 지독한 왜곡과 무지를 바로잡아 대한민국 탄생과 발전이 어떻게 이뤄졌는지를 보여준다.

Part 7

문화
막시즘의
침공

첫째
문화막시즘Cultural Marxism이
더 무섭다!

    "능력만큼 일하고 필요한 만큼 쓰는 사회"를 추구했던 공산주의자들은 소련과 동구유럽에서 비참하게 정치경제적으로 공산주의사회를 실현하는데 실패하고 말았다. 마르크스주의는 소련의 볼세비키 혁명과 중국의 문화혁명에서 볼 수 있는 것처럼, 수천만명의 무고한 생명을 무자비하게 살해했으며, 강제배급제의 시행과 노동의 강요를 위해서는 지속적인 독재와 권력의 공포정치가 필요했다. 러시아, 중국, 북한에서 보듯이 사회주의 계획경제는 비참하게 실패했다.

    평등한 이상사회 건설이 실패한 후 마르크스주의자들은 인간의 모든 행동이 성적 욕구에 의해 지배당한다고 파악한 프로이드의 성 심리학으로부터 힌트를 얻어 성에 주목하기 시작했고, 규범해체를 추구한 후기현대주의의 영향을 받으면서, 이성애적 규범의 지배로부터 해방된 성평등사회를 꿈꾸기 시작했다.

    마르크스주의자들은 이를 신마르크스주의, 또는 문화막시즘, 변종 마르크스주의라고 불렀다. 신마르크스주의자가 꿈 꾼 사회는 단적으로 말해서 동성애를 신학적으로나 윤리적으로 문제가 없는 정상적인 성관행으로 허용하는 사회다.

세속적 인본주의자이며 사탄숭배자였던 마르크스나 스탈린, 레닌의 대를 이어 문화막시즘을 주창했던 공산주의 혁명가는 게오르규 루카치와 안토니오 그람시였다. 이탈리아 공산주의자 그람시는 문화를 매개로 한 공산주의 혁명 전략을 수립하게 되는데 이 문화공산주의 사상이 유럽과 미국을 거쳐 한국문화를 넘보고 있다. 그들은 노동자들이 계급의식에 눈을 뜨지 못하는 것은 기독교문화 때문이라고 보고, 서구인간이 먼저 의식혁명, 정신혁명, 문화혁명을 이루어야 정치혁명도 가능하다고 보았다.

루카치와 그람시는 제1차 세계대전에서 각국의 노동자들이 연합하여 자본가에 반기를 들고 폭력혁명을 일으키지 않는 이유가 서구의 기독교 정신과 문화 때문이라면서 기독교문화를 파괴해야 한다고 주장했다. 그람시는 문화 헤게모니론을 설파하면서, "우리가 혁명을 성공하기 위해 타도해야할 대상은 부르주아계급이 아니라 기독교정신과 문화에 기초한 가정과 교회"라고 주장했다. 그는 지식인도 노동자에 포함시킨 가운데, 효과적인 진지전을 위해 언론, 교육, 문화, 종교특히 신학교육 등 제도권 진지를 먼저 장악해야 한다고 했다. 즉 장기적인 문화혁명이라는 '핵심기관에 침투해 들어가는 긴 행진long march through the institutions'을 전개해야 혁명이 성취된다고 보았다.

그람시의 말을 들어보라.

"문명 세계는 무려 2,000년 동안이나 기독교로 철저히 물들어졌습니다. 그러므로 유대 기독교 가치에 바탕을 둔 나라는 모두 그런 뿌리들을 잘라내기 전까지는 뒤집어질 수가 없습니다. 그러나 뿌리를 자르고 문화를 바꾸기 위해서는 문화기관들을 통한 '긴 여행'이 필요합니다. 오직 그렇게 할 때에만 권력은 잘 익은 과일처럼 우리 손에 굴러들어오게 될 것입니다."

막시즘 혁명이 성공할 수 있는 유일한 길은 자본주의 보호막인 기독교를 먼저 붕괴시키는 것이었다. 그래서 그람시는 다음과 같은 [조용한 혁명 11계명]이라는 시행세칙을 제시했다.

1. 지속적 사회변화로 혼란을 조성하라.

2. 학교와 교사의 권위를 약화시켜라.

3. 가족을 해체하라.

4. 어린이들에게 성교육 및 동성애 교육을 실시하라.

5. 교회를 해체하라.

6. 대량 이주와 이민으로 민족정체성을 파괴하라.

7. 인종차별을 범죄로 규정하라.

8. 사법시스템을 신뢰할 수 없도록 만들라.

9. 복지정책을 강화해 국가나 기관보조금에 의존하는 사람이 늘게 하라.

10. 언론을 조종하고 대중매체 수준을 저하시켜라.

11. 과도한 음주를 홍보하라.

　전통문화를 지탱하고 있는 가정과 교회를 파괴하라는 것이다. 막스와 그람시는 '도둑질하고 죽이고 멸망시키는 파괴의 영, 사탄의 조종'을 받고 있는 것이 틀림없다. 문화막시즘을 받아들인 나라들을 보라. 가정윤리는 가차 없이 파괴되었고, 마르크스주의 이념과 경쟁관계에 있는 종교, 특히 기독교는 가혹하게 탄압당했으며, 사람들의 창의성은 발휘될 수 없었고, 사회는 공포가 배어있는 두려움의 터전으로 변화되고 말았다.

　공산주의는 공산혁명, 정권탈취, 계급혁명을 위해서는 수단방법을 가리지 않는다. 목적은 수단을 정당화한다The end justifies the means는 공산주의의 기본철학이다. 공산주의는 정권을 쟁취하기 위해 용어혼란전술, 통일전선전술, 사법투쟁전술, 폭로전술 등을 사용할 수 있다고 믿는 사악한 이데올로기이다.

　"공산주의자는 법률 위반, 거짓말, 속임수, 사실 은폐 따위를 예사로 해치우지 않으면 안 된다. 어떠한 행위도 예컨대 살인이나 부모에 대한 밀고라도 – 공산주의의 목적에 도움이 된다면 정당화된다"공산주의자신조라고 했다.

　종북좌파 반反대한민국 세력은 이해창 아들 병무비리, 광우병 선동, 세월호, 윤석열이 대장동 주범이라는 주장, 통계조작 등 가짜뉴스를 통한 선전선동과 부정선거조작 등으로 정권탈취라는 목적을 달성해왔다. 시간이 흐르면서, 박근혜 탄핵, 광우병 사태 등이 모두 가짜 뉴스로 이뤄진 역사임이 드러나고 있다.

　문화막시즘은 칼 막스의 혁명이론을 변형하여 만든 새로운 공산주의 혁명이론이다. 그래서 이것을 新neo 막시즘이라고도 한다. 문화막시즘 추종자들의 전략은 세계 어디서나 대동소이하다. 한국 좌파의 전략과 미국 좌파의 전략이 크게 다르지 않다.

　문화막시즘을 주도한 루카치와 그람시, 그리고 프랑크푸르트 학파는 공산화를 방해하는 장애물이 기독교문화와 교회라고 진단했다. 따라서 그들은 기독교의 도덕윤리관과 일부일처제와 부모와 교회의 권위를 거부하고 조롱하도록 부추기는 정책을 쓰도록 유도했다. 좌파 공산주의자들은 공산혁명을 가로막고 있는 가장 큰 장애물은 기독교 정신과 문화, 기독교윤리도덕에 기초한 가정과 교회라고 본다.

　따라서 문화막시즘의 내용은 섹스혁명, 동성애 운동, 젠더 이데올로기남녀구분철폐론, 급진적 페미니즘, 다문화주의 등이다. 이러한 반기독교적 세속주의 사상은 유럽을 휩쓸고, 미국에 건너와 미국문화를 타락시킨 후, 우리나라에 상륙하고 있다.

　문화막시즘은 하나님의 말씀을 거역하며, 하나님의 창조질서에 반하는 사상이다. 이러한 사상이 영화, 언론, 교육 등을 통해 문화를 잠식하게 되면 성도덕은 문란해지고, 자살률은 높아지고, 이혼율은 증가하고, 결혼을 기피하고, 출산율이 떨어지는 등 부정적 현상이 나타난다. 문화막시즘의 열풍을 먼저 경험한 유럽은 [문화막시즘의 황혼]을 맞고 있는데 반해, 우리나라는 이제 시작단계에 와 있다이것을 문화지체cultural lag현상이라 한다.

막시즘은 문화막시즘의 권위자 정일권 교수가 말한 대로, "하나님이 없는 하나님 나라 운동이며, 하나님 없이 지상낙원을 건설하고자 하는 새로운 영지주의적 정치종교"이다. 프로이드 막시즘이라 할 수 있는 유럽의 문화막시즘은 유럽에서 황혼기를 맞고 있다. 유럽과 미국에서 실패한 것을 그대로 받아들이는 것은 어리석은 선택이다.

자유민주주의를 탄생시킨 것은 기독교이다니체. 민주주의는 자연화된 기독교이다. 서구 민주주의의 신학적 기원은 유대교의 정의의 윤리와 기독교의 사랑의 윤리다. 자본주의의 기원에도 유대-기독교 전통이 있다막스 베버. 문화막시즘을 대적할 수 있는 것은 기독교 세계관과 10계명을 뼈대로 하는 윤리도덕 체계이다.

동성애, 퀴어이론, 젠더이데올로기는 모두 창조질서에 어긋나는 것이고 기독교 윤리에 반하는 것이다. 동성애는 고정된 성적 정체성이라기 보다는 개인의 성적 취향이며 사회적 성적 유행과 트렌드에 해당하며 개인의 선택에 따라 얼마든지 바뀔 수 있다. 동성애가 성적 취향이니 성적 유행이 바뀌어서 다시금 이성애자가 될 수 있는 것이다.

만약 문화막시스트들이 추진하고 있는 차별금지법이 자유민주주의 근본가치인 자유의 가치표현의 자유, 종교의 자유 등을 침해한다면, 우리는 자유를 지키기 위해 포괄적 자유기본법을 추가로 제정하여 강제해야 할지도 모른다. 정치경제 막시즘이든 문화막시즘이든, 허황된 공산사회주의 이상사회 구상을 막아낼 수 있는 것은 기독교밖에 없다.

미국발 네오막시즘_{신사회주의의}

기세가 무섭다

사회주의_{공산주의} 사회의 전체적 요점은 다음 네 가지를 실행하는 것이다.

1. 가정을 파괴한다.
2. 사유재산을 파괴한다.
3. 종교_{기독교}를 파괴한다.
4. 국가를 파괴한다.

공산주의는 파괴의 영이다. 마르크스, 레닌, 토로츠키, 스탈린이 목표로 했던 것이 성취되면 나라 전체가 북한과 같은 강제노동수용소가 되는 것이다.

미국발 네오막시즘은 베트남 전이 한참이던 1960-1973년에 활성화되었는데, 히피, 탈권위, 반기독교, 월남전 반대, 동성애, 프리섹스 등 다양한 형태로 나타났다.

네오막시즘운동의 씨를 미국 땅에 뿌린 사람은 허버트 마르쿠제 Herbert Marcuse였다. 그는 프랑크푸르트학파에 속하는 문화막시스트로서 나치 독일을 피해 미국으로 망명해 미국에 맞는 변형된 공산주의 문화막시즘를 창안해 퍼트렸다. 마르쿠제는 분노감을 폭발시킬 세력으로 학생, 여성, 흑인, 성소수자를 대상으로 삼았고, 약자를 괴롭히는 기득권세력으로 기독교인, 백인 남성, 이성애자를 꼽았다.

마르쿠제는 미국의 기독교, 가정, 교회 등을 파괴하지 않고서는 공산사회주의 혁명을 완성할 수 없다고 보았다. 신좌익은 가정해체, 도덕성해체, 문명해체, 반反미, 반反기독교, 반反백인, 반反가정, 반反자본주의를 노렸다.

마르크스주의의 주요성분들이라 할 수 있는 무신론, 유물론, 진화론, 정신과 영혼의 부정, 자유연애, 성적 자유화 등은 미국대학 내에서도 살아 번창하는 풍조가 되었다. 자본주의와 사회주의에 대해 어떻게 생각하는가를 물으면, 공화당 지지자들은 자본주의자에 호감이 77%, 사회주의에 호감이 13%인데 반해, 민주당 지지자들은 자본주의 45%, 사회주의 호감이 64%로 나타난다. 미국의 사회주의 정치인 버니 샌더스 Bernie Sanders 열풍에서 보듯이 사회주의가 부활하고 있는 것이다.

심각한 사상전, 체제전쟁이 미국과 한국에서 벌어지고 있다. 미국을 허물고 유럽과 호주 등을 초초화시킨 네오막시즘이 드디어 대한민국을 덮치고 있다. 네오막시즘은 과거 소련식, 북한식 공산주의와도 다른, 자유민주주의 국가사회를 무너뜨리도록 해놓은 맞춤형 변종 공산주의사상이다. 이들의 궁극적 목적은 자유민주주의 체제를 허물고, 사회주의체제로 체제를 바꾸는 데 있다.

인권이란 명분으로 성별, 사상, 인종, 종교, 학생에 대한 차별금지를 규정하려 하고 있다. 동성애자, 사회주의자, 외국인, 이슬람교 등에 대한 비판적 언행을 하는 사람을 법적으로 차별하겠다는 것이다. 우리가 이런 악법을 막지 않으면 우리나라는 머지 않아 죄악전체주의 사회로 전락할 수밖에 없다.

이미 초등학교에서도 교과서, 강의 등을 통해 그릇된 성문화를 가르치고 있다. 동성애, 젠더, 페미니즘, 성해방을 방치하면, 가정파괴, 기독교파괴, 교회붕괴로 이어질 것은 불을 보듯 뻔하다.

문화막시즘, 네오막시즘은 마르크스의 혁명이론을 변형시켜 만든 신개념 공산주의 혁명이론인데, 변종공산주의, 문화공산주의는 폭력혁명을 거치지 않고 언론, 영화, 방송 등 문화진지전을 통해 가정과 교회, 기독교적 전통과 가치를 무너뜨리고 있다.

동성애, 트랜스젠더가 보편화되면서 샌프란시스코, 필라델피아 같은 도시가 어떻게 약탈범죄가 만연하고 황폐화되고 있는지 전해 듣고 있다. 미국은 모르는 사이에 사회생태계가 많이 사회주의화되고 있다. 차별금지법을 비롯해 건강가정기본법 등 가정과 교회를 혼란스럽게 하는 법제화가 시도되고 있다. 동성애와 동성혼, LGBTQ - Queer축제가 서울, 인천, 대구 등 대도시에 일상처럼 등장하고 있다. 교회와 크리스천 지식인들이 각성하고 대처하지 않으면 누가 이 사탄적 좌익공산주의 파도를 차단할 수 있겠는가?

셋째
새로운 시대정신
초지성자본주의에 대비해야

지난 70년 역사를 보면, 좌파는 늘 진보를 외치면서 우파의 진보적 정책을 방해하고 좌절시키려 했다. 몇 가지 예를 들어보자.

첫째, 경부고속도로 건설을 반대하여 경제건설을 방해했다. 김영삼, 김대중 등 야당들의 반대가 극심했다.

둘째, 인천공항 건설을 지반침하 등의 논리로 반대했으나 지금 다 거짓임이 판명났다. 해외에 나갔다가 돌아오는 우리 국민들이 자부심을 느끼는 것은 인천국제공항을 통과하면서부터이다.

셋째, 소득주도성장을 주장하면서 빈부격차를 결과적으로 확대했다. 소득주도성장을 비판하는 요점은 말이 마차를 끄는 것이지, 마차가 말을 끄는 것이 아니라는 것이다. 대한민국은 지금까지 임금을 올려서 경제성장을 이룬 것이 아니고, 경제성장을 했기 때문에 임금을 계속 올릴 수 있었던 것이다.

넷째, 북한에 대해 돈을 주어 결과적으로 핵개발을 하도록 시간을 벌어주었다. 결국 그 핵무기는 대한민국을 겨냥하고 있다. 북한은 햇볕 정책을 비웃고 그것을 이용해서 핵개발을 성공시켰다.

다섯째, 사회개혁을 방기放棄하고 신기득권 카르텔을 형성하여 서민들의 삶을 더 힘들게 만들었다. 대한민국의 지속적인 성장을 위해서는 인기없는 개혁이라도 했어야 했다. 그러나 좌파정권은 연금개혁, 노동개혁, 교육개혁, 공기업개혁 등을 방기함으로써 기득권 담합세력들을 비대하게 키웠고 국민들의 삶을 피폐하게 만들었다.

한국의 좌파 정치세력들은 비토크라시vetocracy, 즉 '반대를 위한 반대 정치'에 빠져있다. 최근 이재명 대표의 "우리는 북한의 김일성, 김정일의 노력을 폄훼해서는 안 된다"라는 발언에서 보듯이, 주사파 정치인들은 북한을 민족의 정통으로 간주한다. 김일성주의자들의 종북좌파적 역사관에서 파생되어 나타나는 문제이다.

80년대 이후 우리사회를 주도했던 시대정신이었던 주체사상은 노동해방, 인간해방이라는 사회주의사상의 의도와는 다른 결과를 초래하는 필연적 결과를 내부에 갖고 있었다.

지금 야당의 대표가 이재명인 것도 이상하고, 북한의 반인권적 행태에 좌파들이 침묵하고 있는 것도 이상하고, 문재인 정권의 소득주도 성장론이 초래한 후과에 대해 반성이 없는 것도 이상한 것이다. 대한민국의 지성은 집단 마취상태에 빠져있다.

진보냐 아니냐를 가르는 기준은 기득권 카르텔과 종북주의에 대한 태도이다. 윤석열 대통령과 한동훈의 정부는 자유민주주의와 시장경제를 지향하는 점에서 진보적 자유주의 정부이다.

좌파는 역사발전 5단계를 믿는다. 즉 원시 공산사회를 거쳐, 고대 노예사회, 중세 봉건사회, 근대 자본주의를 지나면 반드시 공산주의 이상사회가 온다는 신념체계를 갖고 있다. 저들은 이것을 과학이라 믿지만, 소련과 동유럽의 역사는 이 이론이 틀렸음을 실증적으로 보여주었다.

지금은 좌우를 떠나 자본주의 5.0 시대를 주도하는 시대정신을 제대로 인식하는 것이 한국 정치가 당면한 과제다. 정치학자 이수봉이 말하는 것처럼, 여기에 한국의 미래가 달려있다.

구체적으로 말하면, 자본주의 5.0 시대를 열어가는 5차산업 준비라는 과제가 대한민국이 직면한 당면 과제다. 그렇다면 5차 산업이란 무엇인가? 그것은 첫째는 한 차원높은 자율주행기술, 둘째는 특이점을 넘는 인공지능, 셋째는 양자물리학에 근거한 컴퓨터, 넷째는 핵융합 상용기술, 다섯째는 합성생물학의 발전 등을 대표적으로 들 수 있다.

특히 양자물리학의 발전을 사회과학의 분야에 적용시켜 다양한 문화 컨텐츠를 만들어내는 역량이 만들어지는 것이 선진국 진입의 관건적 요소가 될 것이다.

자본주의 5.0은 인간의 지혜가 인공지능과 결합한 양자컴퓨터에 의해 초지성을 지닌 인류와 이것과 결합한 자본주의, 초지성자본주의 사회를 말한다. 자유민주주의의 역동성은 초지성자본주의의 단계로 우리나라를 발전시킬 것이다. 이것이 새로운 시대정신이다.

Brookings Institute의 두 연구원이 외교전문지 Foreign Policy에 기고한 글에서, 2040년에는 한국이 독일, 미국, 터키와 함께 4대 강국으로 등장할 것이라고 예견했다. 이들은 한국을 포함시킨 5가지 이유를 꼽았다.

(1) 근면과 열정의 국민성

(2) 높은 교육열

(3) IT, 반도체, 철강. 조선, 자동차, 원자력 등의 기술

(4) 전세계 700만 해외 동포 네트워크

(5) 프로테스탄트 정신개신교

정치학자 이수봉2024은 이것이 실제 동력으로 전환하기 위해서는 우리가 안고 있는 한국병, 즉 부패한 기득권 담합체제, 종북주사파의 덫, 지역분열주의라는 3대 질병을 먼저 수술해야 할 것이라고 주장하고 있다. 지금 대한민국에 실제로 존재하는 것은 신자유민주주의세력을 한편으로 하고, 종북주사파와 연합한 기득권비리세력 간에 형성된

전선이다. 우리나라가 세계 4대 강국의 반열에 오르기 위해서도 586 종북주사파세력을 이번 2024년 4월 총선에서 청산해야 할 것이다.

일제 36년 동안 기독교는 신사참배에 대항하며 우상숭배와 싸웠다. 해방 후 한국교회는 김일성 우상화와 싸우고 있다. 문제는 한국교회가 주체사상에 상당부분 동화되어 있다는 것이다. 2024년초 조선일보에 어떤 목사님이 시의적절한 광고를 게재했다.

"기독교는 공산주의, 좌파, 주사파들과 공존할 수 없다. 어찌하여 하나님의 자녀들이 마귀를 칭송한다는 말인가? 공산주의자들은 무신론자들로서 마귀를 숭배한다. 마귀를 따르는 것은 하나님을 대적하는 악이며 하나님을 섬기는 교회는 공산주의와 공존할 수 없다. 기독교인들은 금식을 선포하며 진심으로 회개해야 한다! 하나님께서 금식을 받으시고 마음을 돌이키시고 환난을 면하게 하여 주실 것이다"조선일보. 2024. 1.8 광고.

넷째

북한 입장에서 **제주 4·3 사건, 여수·순천 반란 사건**을

평가하는 것은 역사적 반역이다

1948년 5월 10일 국회의원 선거를 앞두고 이를 방해하기 위해 김일성의 지령에 의해 세 가지 반란, 폭동 사건이 대구와 제주, 여수 순천에서 연이어 일어났다.

성경에 의하면, 하나님께서 가장 혐오하는 죄는 우상을 섬기고 숭배하는 것이다.

"너를 위하여 새긴 우상을 만들지 말고...어떤 형상도 만들지 말며 그것들에게 절하지 말며 그것들을 섬기지 말라. 네 하나님 여호와는 질투하는 하나님인즉"(출 20: 4-5).

일제 치하 36년간 한국교회는 일본천황에게 신사참배하는 문제로 인해 많은 고통을 겪었다. 절대로 하나님 대신 우상에게 절할 수 없다고 하여 주기철 목사님 같은 분들이 순교하기도 하였다. 그런데 1945

년 해방 후 한국교회는 김일성이라는 가짜 하나님을 숭배하는 것으로 인해 북한에는 교회 자체가 사라졌고, 남쪽에는 남파간첩과 주사파 종북세력 등 인구의 반 정도가 종북주의자 이재명에게 지지투표를 하는 지경에 이르렀다.

1950년 6.25 남침 이후 우리의 주적 북한은 끊임없이 간첩침투를 통해 박정희, 전두환, 노태우 등 반공정권을 공격했다. 반면에 주사파를 통한 사상전도 오늘까지 지속되고 있다. 남로당 박헌영과 그의 후계자 김대중, 노무현, 문재인을 통해 남한전역에서 남한 노동자, 농민, 언론인, 지식인, 판사, 검사, 변호사를 회유, 포섭하는 공작도 계속되었다.

북한방문이 자유롭던 시대에 상당수 언론인들과 종교지도자신부, 목사들이 평양을 다녀오면서 "미인계 작전"에 매수돼 김씨 3대에 충성맹세를 하고 돌아오기도 하였다.

참으로 신기한 것은 북한을 다녀오거나 남한에서 통혁당이나 남민전, 전대협 등을 통해 주세사상에 의식화되면, 민족과 나라의 정통성이 북한에 있다고 믿게 된다는 것이다. 북한의 통치이념인 주체사상에는 하나님이 있을 자리가 없다. 수령 김일성이 정치사회적 생명영생을 부여하는 하나님이고, 민족의 어버이, 민족의 태양이 되기 때문이다.

표면적으로는 "사람이 모든 것의 중심이며 모든 것을 결정한다"고 주장하고 있으나, 그 실체는 개별사람이 아니라 수령-당-대중으로 이어지는 사회집단의 주체성을 말하는 것이다. 이 때문에 수령의 자질이 중요한데 주체사상에서 말하는 수령의 자질을 가장 잘 구현하고 있는 사람이 바로 김일성이다. 결론적으로 주체성의 의미는 중학교 2학년 중퇴생 김일성에 의해 민족의 정통성이 지켜졌다는 것이다. 대한민국은 점령군 미군에 의해 점령당한 미국의 식민지 국가이고, 북한은 항일투쟁 속에서 민족의 정통성을 지켜온 주체국가라고 선전하고 있다.

주체사상은 사실 '공산당선언'에 근거를 둔 사상이다. 마르크스와 엥겔스의 '공산당 선언'의 약점을 김일성이 보충한 것이나 다름이 없다. 지난 70여년 동안 역사적 실천을 통해 주체사상이 진리라는 것을 검증받고자 하였으나, 주체사상이 진리가 아니었음이 확실하게 입증되었다.

반면에 이세상에서 실천을 통해서 검증된 이론과 학문, 그리고 철학이 있다면 그것은 하나님의 말씀인 성경 뿐이다.

"여호와로 자기 하나님을 삼는 나라 곧 하나님의 기업으로 빼신 바 된 백성은 복이 있도다"(시 33:12)

그래서 우리 대한민국은 복을 받았고 1948년 대한민국 국회는 이시영 목사의 기도로 문을 열었다. 하나님이 보우하사 우리나라 만세라고 고백하고 있다. 반면에 우상숭배 국가인 북한은 복을 받지 못하였다. 하나님이 없는 이상사회는 세상에 존재할 수가 없는 것이다.

불행한 것은 좌파가 국부로 추대하고 싶어하는 김구는 좌우합작론자로서 이승만이 추진하던 남한 단독선거를 반대하고 주한미군철수를 주장하며 간첩 성시백에 미혹돼 평양에 가서 김일성에게 이용만 당하고 돌아와 얼마후 안두희에게 암살되었다.

　문익환, 최재영, 노길남, 이재학 등 목사라는 명목으로 이러한 전제를 받아들이면서, 우리나라의 비극은 시작되었다고 할 수 있다. 하나님을 믿고 신학을 공부했다는 목사가 어떻게 김일성이라는 가짜 하나님을 존경, 숭배할 수 있는지, 천부 하느님을 신앙한다는 정의구현사제단 사제들이 김일성을 숭배하고 따르면서, 건국 대통령 이승만 박사를 역사적 사실과 다르게 '독재자, 친일파, 살인자, 하와이깡패'라고 폄훼하고 그의 자유민주주의 체제를 이어받고 있는 윤석열 정부를 타도대상으로 탄핵하려 하는지 도무지 이해가 가지 않는다. 유신론과 유물론 간의 영적 싸움, 체제싸움, 사상전이 지금도 한반도에서 진행되고 있다.

제주 4.3사건과 여순반란 사건

　놀라운 것은 제주 4·3 사건, 여순반란사건 같은 사건을 김일성의 시각에서 해석하느냐, 이승만의 시각에서 해석하느냐에 따라 그 평가가 정반대로 나온다는 것이다. 5·18에 대해 상반된 평가가 존재하는 것처럼, 제주 4·3에 관해서도 서로 다른 평가가 존재한다. 하나는 제주 4·3이 국가폭력경찰과 군대에 의한 민간인 학살이라는 내러티브다. 김일성과 박헌영의 지시에 따라 단독선거반대와 조국통일을 지향한 제주도민의 반대운동을 경찰이 무리하게 대응하여 촉발된 자연발생적인 무장봉기로서 군경에 의해 무수한 양민들이 희생된 사건이라고 설명한다. 문

재인은 폭도들의 편에 서서 "좋은 꿈을 꾸었다는 이유만으로 많은 이들이 희생되었다"고, 국가폭력을 비난했다

다른 하나는 제주 4·3이 공산폭동이라는 관점이다. 5·10 선거를 방해할 목적으로 남로당 중앙당과 공산주의자들이 대한민국 건국을 저지하고 공산통일을 달성하기 위해 감행한 폭동으로서, 이를 진압하는 과정에서 무고한 양민이 다수 희생된 사건이라는 설명이다. 필자는 정부수립을 위해 선거를 전국적으로 추진하던 이승만 정권의 입장에서 사건을 해석하는 것이 옳다고 본다. 누구나 자신만의 관점에서 역사를 본다. 다만 모든 논의는 진실에 기반해야 한다. 2023년에 서울대를 비롯한 전국 대학에 게시되었던 대자보의 일부를 공유한다.

제주 4·3 진실에 기반한 진정한 화해와 상생을 간절히 바랍니다.

제주 4·3은 6·25 전쟁의 전초전이었습니다. 제주 4·3과 여순 14연대 반란을 막지 못했다면 대한민국은 존재하지 않습니다. 좌파는 4·3의 안타까운 희생을 이용해서 이를 민중항쟁으로 왜곡하고, 못 다 이룬 그들만의 사회주의 혁명을 애달파하며 대한민국에 도전해 왔습니다.

4·3은 대한민국 건국을 방해하기 위해 자행한 공산주의자들의 폭동입니다. 한 달 뒤 예정된 대한민국의 첫 번째 선거인 5·10선거를 방해하기 위한 것이었고, 제주에서는 총3개 선거구중 2개 선거구에서 선거가 결렬됩니다. 그런데 좌파는 이것을 민중항쟁이라고 미화하고 있습니다. 4·3폭동이 공산주의자들의 폭동이라는 사실은 남로당

지령서, 인민유결대 보고서 이덕구의 선전포고문 등을 통해 명확히 확인됩니다.

반란으로 발전해버린 4·3폭동을 진압하는 과정에서 무고한 주민들과 안타까운 희생이 많이 발생했습니다....4·3폭동을 평정했기 때문에 또 여수·순천 14연대 반란을 평정했기 때문에 지금 대한민국이 존재합니다...공산폭도들의 만행과 과잉진압에 희생된 모든 분들을 추모하며, 진실에 기반한 진정한 화해와 상생을 간절히 바랍니다.

Truth Forum 2023. 4.3.

다섯째
공산주의냐 자유민주주의냐
선택할 때가 되었다

한국 최고의 사상 전문가는 양동안 교수다. 2017년 [벼랑 끝에선 한국의 자유민주주의]에서 한국이 지금 "느슨한 형태의 내전상황"이라고 진단했다. 이 내전은 반공적 자유민주주의 체제를 와해시키려는 좌익세력과 반공적 자유민주주의 체제를 수호하려는 우익세력 간에 전개되고 있다.

이재명 사법논란, 정율성 동상철거, 홍범도 동상이전, 연예인의 이승만 기념사업회 5,000만원 기부 논란 등을 보면 사상적 내전이 벌어지고 있음을 실감한다.

2018년 미국의 동아시아 전문가 Gordon Chang 변호사는 한국의 민주주의가 외부로부터 공격을 받는 게 아니고 공산주의자 문재인 대통령으로부터 공격을 받고 있다고 진단했다. 공산주의의 공격에 가장 민감하게 반응하는 것은 기독교이다. 공산주의와 기독교는 같은 하늘 아래 공존할 수 없는 철천지 원수지간이기 때문이다. 보수진영의 목소리는 탄압과 수모, 협박을 받고 있는 실정이다. 보수 기독교를 대표해 세 번이나 투옥되었던 전광훈 목사의 말이 맞는 것 같다. 문재인 대통령 은 대한민국을 하향 평준화시켜서 낮은 단계 연방제로 북한 김정은에 게 바칠 준비를 하고 있었다. 이재명의 대북 송금 사건도 문재인이나 이재명이나 북한에 대해 저자세였음을 보여주고 있다.

비행기가 어디로 가는지는 조종사의 생각에 달렸다. 따라서 조종사 가 누구인가는 매우 중요하다.

문재인은 집권기간 중 나라를 문명권에서 이탈시켜 반문명권으로, 미국과 일본, 자유진영을 뒤로 하고 대한민국을 중.러.북을 중심으로 하는 반문명, 공산주의 세력에 동참시키려 했다. 윤석열 대통령이 비행 기를 조종하기 전 66명의 전직외교관들은 "5,200만 대한민국 국민은 마치 공중 납치된 여객기 내의 승객과 같다"라고 그 절박함을 호소하 였다.

예장 고신측 개혁적 성향의 목회자 정주채 목사도 문재인이 탈원전, 조국사태, 소득주도성장, 부동산정책, 현 정권의 범죄를 수사중인 검사 들을 좌천시켜 수사를 못하게 하는 것을 보고 화가 나고 충격을 받아 소화불량까지 생겼다고 했다.

나라를 이끄는 지도자가 누구인가는 매우 중요하다. 북한은 지난 70 여 년 간 공산주의자, 자칭 하나님 김일성 3대가 주체사상으로 2,500만 동포를 아사직전으로 이끌고 있다. 같은 기간에 자유민주, 시장경제, 한미동맹, 기독교입국을 기반으로 나라를 세운 이승만과 반공을 국시로 부국강병, 한강의 기적을 일군 박정희는 우리나라를 세계10대 경제 강국으로 이끌었다.

공산주의, 주체사상, 사회주의, 계획경제를 고집해온 김일성 수령제 일주의의 북한은 '지상천국'을 표방했지만, 세계에서 가장 극심한 인권 탄압국, 지옥과 같은 노예국가로 전락했다.

공산주의자 문재인은 좋은 약속을 많이 했다. "기회는 평등하고, 과정은 공정하며, 결과는 정의로울 것이다. 자신을 지지하는 국민이나 반대하는 국민이나 모두 품고, 전 국민을 화합하는 일을 하겠다. 미국과의 동맹을 강화하겠다"라고 했지만 무슨 공약을 하든 그는 반대로 했고 집권내내 거짓말을 반복했다.

문재인은 중국에 대해 저자세 외교를 했고 우한폐렴 사태 때도 중국과의 동지적 인식을 강조하면서 중국인의 입국금지 조치를 취하지 않았다. 반면에 그는 자유민주주의 진영 국가들과는 거리를 두고 있으며, 일본과는 적대적 관계를, 미국과는 형식적 동맹관계를 유지하기는 했으나 한미군사훈련중단, 정보기관간의 정보교류중단 등 긴장관계를 유지했다.

북한은 주적이 아니라며 북은 평화의 대상, 통일의 대상, 같은 민족이라는 관념을 심었으며, 전투할 대상을 북한에서 일본으로 바꾸어놓았다.

한반도 운전자노릇을 하겠다며, 김정은에게 비핵화의지가 있다고 트럼프 대통령에게 거짓말을 전달해 볼턴 보좌관으로부터 정신병자 취급을 받기도 했다.

권력은 부패하기가 쉽다. 절대적 권력은 절대적으로 부패한다. 그래서 입법부, 행정부, 사법부의 3권을 나누어 서로 견제와 균형을 유지하는 것이 매우 중요하다. 문재인 정권은 이 자유민주주의 고전적 원칙인 삼권분립원칙을 완전히 무력화시켰다. 정권 출범직후 행정부는 물론 사법부 요직을 친문세력으로 대거 교체했다. 이로 인해 법원판결의 좌경화가 극심해졌다. 재판의 독립성이 약해지고 판결의 편파성이 심해졌다. 따라서 3부간 상호 견제와 균형을 이루는 역할이 무력화되고 말았다.

자유시장경제체제란 자유민주체제의 경제적 측면이다. 문정권은 반시장적인 사회주의 사상을 반영해 될 수 있는 한 통제와 개입을 시도했다. 소득주도성장, 주 52시간 근무, 최저임금제를 강제하여 자영업자들의 몰락을 가속화했고 청소년들의 취업란은 더 심해졌다.

문재인 정권 5년 동안 나라는 국가자살의 길로 가고 있었다. 기업과 부자의 재산을 세금으로 빼앗아 인기영합주의 정책으로 가난한 자에게 나눠주자는 사회주의는 이미 아르헨티나, 베네주엘라, 그리스에서 비참하게 실패한 이념이다.

감사하게도 586 운동권 출신이 아닌 윤석열이 종북 공산주의자 이재명을 물리치고 자유대한민국 대통령이 되었다. 집권 초기부터 윤 대통령은 자유시장과 사적 소유의 존중, 법치와 기업가 정신, 부의 창출, 개인의 책임, 자유세계와의 연대를 강조했다. 그는 기회 있을 때마다 주사파 반反대한민국세력과의 협치는 불가능하다고, 공산전체주의,

가짜 평화세력과 함께 할 수 없다며, 자신이 자유민주주의, 시장경제 체제를 수호해나갈 것임을 천명하고 있다.

기독교신앙으로 소련과 동유럽의 공산주의국가들을 몰락시키는데 앞장섰던 미국의 로널드 레이건 대통령이 말하였다.

"자본주의의 태생적 결함은 행복을 불평등하게 나눠주는 것이고, 공산주의의 태생적 결함은 불행을 평등하게 나누어주는 것이다."

대세는 기울었다. 민노총과 전교조, 주사파, 간첩세력은 과거를 뉘우치고 자유민주주의로 전향하는 것이 지혜다. 어느 민족 누구게나 결단할 때 있나니 참과 거짓 싸울 때에 어느 편에 설 건가. 참과 거짓, 빛과 어둠 사이에서 바른 선택을 할 때가 되었다!

러시아, 중공, 북한과 같은 공산주의와 연대할 것인가? 미국, 일본, 호주, 뉴질랜드, 인도, 영국과 같은 해양세력과 연대할 것인가?

너희가 전에는 어두움이더니, 이제는 주 안에서 빛이라. 빛의 자녀들처럼 행하라(엡 5:8)
그리스도께서 우리로 자유케 하려고 자유를 주셨으니, 굳세게 서서 다시는 종의 멍에를 메지 말라(갈 5:1)

우리의 국부 이승만 대통령이 가장 자주 인용하시던 말씀이다.

여섯째

다시 부활한

건국 대통령 이승만

　　2024년 2월에 개봉된 두 다큐 영화 [건국전쟁]과 [기적의 시작]이 북한과 좌파에 의해 왜곡된 역사를 바로 잡고 대한민국의 "정통성"을 되살리고 있다.

　　제2의 박헌영, 공산주의자 문재인 정권이 들어서면서, 대한민국의 "뿌리"와 "정통성"을 말살하려는 작업이 진행되었다. 1948년 이승만이 건국한 대한민국의 역사를 부정하고, 망명정부인 상해 임시정부에 정통성을 부여하려 시도했다. 독립운동가를 기념할 때도 김구, 김규식, 여운형의 이름은 거명하면서, 의식적으로 이승만의 이름은 언급하지 않았다. 나라와 역사의 정통성이 김일성이 세운 조선인민공화국에 있고 UN의 감시하에 선거를 치르고 UN의 공인을 받은 대한민국은 정부를 수립한 것에 지나지 않는다고 주장했다.

　　[대통령이 된 간첩]에서 주장하는 것처럼, 그는 5년 동안 늘 대한민국이 아닌 북한을 위해, 김정은을 위해 정치를 했다.

남조선 혁명에 실패한 김정은의 북조선은 지금도 "미제 괴뢰 이승만 타도"를 외치고 있다. 북한은 반미, 반일을 역사의 기본틀로 하고 있다. 지난 70여년 간 북한의 시각에서 역사를 평가한 좌파사학자들은 마치 역사의 정통성이 북한김일성에 있고 "친일파" 이승만의 대한민국은 "태어나지 말았어야 할 나라"라고 악마화했다. 586 운동권은 전교조 교사들을 통해 진실과 거리간 먼 왜곡된 역사를 초,중,고생들에게 주입시켰다.

따라서 오늘의 한국인들 대부분은 한국을 만든 사람이 누구인지 조차 모른 채 살아왔다.

진실과 기름은 반드시 수면 위로 뜬다는 말이 있다. 최근에 개봉한 [건국전쟁]은 청년 정치범 사형수 이승만이 기독교로 개종한 이후에 어떻게 중국 대륙문화권에서 서구 해양문명권으로 나라가 지향할 방향을 코페르니쿠스Copernicus적으로 전환했는지를 보여준다. 미국 일류 대학에서 정치외교학을 공부한 외교 천재 이승만이 어떻게 국제질서를 내다봤고, 일본의 패망과 8.15해방을 예견했는지를 보여준다.

8.15해방공간에서 좌우합작론자 김구와 김규식의 방해를 무릅쓰고 어떻게 좌익 통일전선에 휘말리지 않고 자유민주, 자유시장경제, 한미동맹, 종교의 자유기독교입국에 기반한 자유대한민국 건국에 매진했는지를 보여준다.

대한민국 건국 기념사에서 이승만은 자유민주주의를 지향하고 있는 새 나라 대한민국은 양반계급만을 위했던 조선시대와는 달리 평민의 자유가 보장되는 평등한 나라가 될 것이라고 강조했다. 새로운 국정방향에 따라, 양반과 상놈, 부자와 빈자, 남자와 여자, 남한 출신과 북한 출신이 모두 균일한 기회와 권리를 가지고 법 앞에서 평등하게 보호받을 것임을 강조했다.

나라의 기초를 놓은 건국대통령 이승만의 업적 중에 주목을 받는 것은 한 두 가지가 아니다.

6·25 전쟁이 발발하기 전 이 대통령은 농민들에게 경자유전의 원칙에 따른 농지개혁, 즉 유상매수, 유상분배를 약속했다.

두 번째로 이승만은 교육개혁을 단행했다. 1949년에 6년제 의무교육제도를 도입하고 문맹퇴치 운동을 벌였다. 1945년 78%의 문맹자는 1959년 22%로 낮아졌다. 고급인력 양성도 빠른 속도로 이뤄졌다. 해방 직후 19개였던 대학이 1960년에 63개교로 대학생이 10만 명으로 불어났다.

하와이에서 독립운동을 하던 33년 기간에도 그는 남녀교육에 힘썼고, 교회를 세워 교민들을 복음화하는 일에 힘썼다. 1953년에는 하와이 교민들이 보내온 기금으로 인천에 미국 MIT 공대 같은 공과대학을 세운다는 취지로 인하공대를 설립하기도 하였다.

그는 장래의 에너지가 원자력이 될 것을 내다보고 1957년 국제원자력기구IAEA에 가입했고, 서울대에 원자력공학과를 개설하고 여러 명의 미래 과학자들이 유학하도록 배려하였다.

무엇보다 이승만은 기독교인이었고, 공산주의의 본질을 간파한 반공주의자였다. 이승만은 1954년 미 상하원 합동회의에서 영어로 연설할 때, 세계는 공산주의자들의 혁명운동으로 거칠어졌기 때문에 자유세계는 강해지지 않으면 그들의 노예가 될 것이라고 경고하고, 그러한 공산주의세력과의 싸움에서 한국이 선봉에 설 것이라고 주장했다. 그는 윤석열 대통령과 마찬가지로 연설 도중 33차례나 뜨거운 박수를 받았으며, 뉴욕New York의 100만 시민은 브로드웨이Broadway 영웅의 거리 시가행진을 할 때, 세계 공산주의와의 싸움에서 용감하게 맞선 이승만과 대한민국 국민에게 뜨거운 박수를 보냈다.

　그는 작은 나라의 대통령이었지만, 큰 나라의 대통령 앞에서도 주눅 들지 않았고 당당했다. 누구에게도 꿀리지 않는 높은 학력국제정치학 박사, 국제외교감각, 그리고 유창한 영어실력이 있었기 때문에 가능한 일이었다.

　종북 운동권 공산주의자들은 그 동안 여러 가지로 이승만을 왜곡하고 폄훼하였다. 그들은 역사적 진실과 반대로 이승만은 친일파, 독재자, 런승만, 남북분단의 원흉, 미제의 앞잡이라고 매도했다. 영화 [건국전쟁]은 이승만 대통령에 대한 몰이해, 폄훼, 누명을 바로 잡는다. 관객들은 나이를 초월해 이승만 건국 대통령 앞에 "미안하고, 죄송하고, 후회스럽고, 감사한 마음"에 눈물을 흘리고 있다. 좌파 빨갱이들이 미군철수와 반일을 외치고 있는 것에 반해 영화를 보고 의식이 바뀐 이들은 안보와 경제발전을 담보한 한미상호방위조약을 성사시켜준 그의 외교력과 애국심에 깊은 감사를 느끼지 않을 수 없다.

　이승만 부부는 기독교인으로 매일 성경을 읽고 하루를 시작했으며,

Max Weber가 말한 대로 정직과 근면, 절약, 절제의 삶을 살았다. 이승만 대통령은 그가 사랑하던 조국에 돌아오지 못하고 하와이에서 90세에 운명하였다. 그는 숨을 거두기 전 마지막 기도를 드렸다.

이제 天命이 다하여 감에
하나님이 저에게 주셨던 사명은 감당치 못하겠나이다.
몸과 마음이 너무 늙어버렸습니다.
바라옵건대 우리 민족의 앞날에
주님의 은총과 축복이 함께 하시옵소서.
우리 민족을 오직 주님께 맡기고 가겠습니다.
우리 민족이 굳게 서서
다시는 종의 멍에를 메지 않게 하여 주시옵소서.
아멘.

참고도서 📖

고영주. [과연, 누가 공산주의자인가]. 자유민주, 2023.

고영주. 장영관. [대통령이 된 간첩]. 북저암, 2024.

구국제자훈련원. [문재인 정권의 자유민주주의체제 허물기].

　　　　　대추나무, 2020.

구해우. [미중패권전쟁과 문제인의 운명]. 글마당, 2019.

　　　　[대한민국은 지금 체제전쟁 중]. 대추나무, 2020.

　　　　[남북한 체제경쟁 성찰]. 글마당, 2021.

김병로. [북한, 조선으로 다시 읽다]. 서울대학교출판문화원, 2016.

김요섭 외 4인. [성경의 구원과 오늘의 한국교회]. 파피루스, 2019.

김용삼. [대구 10월 폭동, 제주 4.3사건, 여·순 반란사건]. 백년동안,

　　　　2017.

　　　　[김정은 할아버지 김일성 진실을 말하다]. 미래사, 2018.

김은구. "내러티브를 이용한 역사무기화 전략과 제주 4·3," [월드뷰],

　　　　2월 2024.

김종혁. [두 번 다시 경험하고 싶지 않은 나라]. 백년동안, 2021.

김주성 외 13인. [문재인 흑서]. 타임라인, 2023.

김충남. [한국의 10대 리스크]. 오름, 2019.

김현태. [이승만 박사의 반공정신과 대한민국 건국]. 범아출판, 2016.

　　　　[이승만 대통령에 대한 불편한 진실]. 범아출판, 2020.

　　　　[교육혁명가 이승만 대통령의 교육입국론]. 범아출판, 2022.

김형주. [교회와 국가]. 예감출판사, 2020,

노영애. [이승만의 비전].

대로우, 테드 베어, 패트릭 뷰캐넌, 에드윈 뷔에이라. G. 에드워드
　　　그리핀. [문화막시즘: 미국의 타락]. 김승규, 오태용 공역.
　　　이든북스; 한국기독교문화연구소, 2020.

도태우. [도전: 법치와 자유민주주의를 향한 치열한 가치전쟁].
　　　세이지, 2019.

도태우 외 5인. [두 개의 길]. 청사진, 2023.

레이몽 아롱. [지식인의 아편]. 안병욱 역. 2019.

류현수. [종북주의 연구]. 백년동안, 2015.

리 소데츠. [김정은이 만든 한국 대통령]. 글마당, 2019

리차드 웜브란트. [마르크스와 사탄]. 순교자의 소리. 2019.

무토 마사토시. [문재인, 한국에 재앙]. 비봉출판사, 2020.

민경우. [86세대 민주주의]. 인문공간, 2021.

　　　[스파이 외전]. 투나미스,

민성길. "크리스쳔 성혁명사: 성혁명과 동성애운동,"
　　　[크리스천투데이]. 2023. 11.1.

민성길 외. [동성혼과 한국교회의 과제]. 한동대학교,
　　　기독교세계관학술동역회, 2016 (2차 학술발표).

박광서. [동성애 배후의 사상연구: 시대의 징조를 분별하라].
　　　출판사 누가, 2018.

박남훈. [손봉호 교수는 누구인가?]. 세컨드리폼, 2019.

박원철. [선지자 이승만 대통령]. 킹덤북스, 2020.

박형식. [Ten: 북한사람 정치의식 북한내부 체제붕괴]. 청미디어, 2020.

백상현. [동성애 is]. 미래사, 2015.

빌리 그래함. [불타는 세계]. 정동섭 역. 생명의말씀사, 1968.

성인경. [세계관 전쟁]. 예영커뮤니케이션, 2004.

송원금. [주체사상 살펴보기: 남북통일준비]. 청미디어, 2015.

심주일. [성경에서 훔친 주체사상]. 문광서원, 모퉁이돌선교회, 2017.

안점식. [세계관을 분별하라]. 죠이선교회출판부, 2001.

양동안. [대한민국 건국전후사 바로 알기]. 대추나무, 2019.

양승훈. [기독교적 세계관]. CUP, 1999.

유재석. [기독교는 이슬람을 어떻게 볼 것인가]. 생명의말씀사, 2022.

이강호. [박정희가 옳았다]. 기파랑, 2019.

이규학. [기독교와 주체사상 비교]. 한국복음주의영성협회.

　　　둘셋손잡고, 2020.

　　　[주체사상 이해]. 둘셋손잡고, 2021.

이명호. [대한민국의 안타까운 현실]. 렛츠북, 2018.

이수봉. [시대정신의 배신]. 새론북스, 2023.

이승만학당. [이승만과 대한민국]. 이승만학당, 2020.

이영애. [멋진 남편을 만든 아내]. 베다니출판사, 2002.

이정훈. [교회해체와 젠더이데올로기]. 킹덤북스, 2018.

이호. [하나님의 기적: 대한민국 건국 1]. 자유인의 숲, 2018.

　　　[하나님의 기적: 대한민국 건국 2]. 자유인의 숲, 2018.

이희천. [反大勢: 비밀이 드러나다]. 대추나무, 2022.

장영하. [굿바이, 이재명]. 지우출판, 2021.

전광훈. [자유통일의 길]. 광화문연구소, 2024.

정주진. [김창룡 특무대장 암살사건 해부]. 북랩, 2022.

정동섭. [깨어나라! 대한민국]. 나라사랑, 2020.

       [구원개념 바로 잡기]. 새물결플러스, 2015.

       [부부성숙의 비결]. 이든북스, 2021.

       [어떻게 사람을 변화시킬 수 있는가]. 요단출판사, 2009.

       [인성수업이 답이다]. 비전북, 2017.

       [우리 조국 대한민국을 위한 새로운 청사진]. 행복에너지, 2021.

       [주체사상을 해부한다]. 나라사랑, 2020.

조우석. [숨결이 혁명 될 때]. 지우출판, 2022.

존 스토트. [존 스토트의 동성애 논쟁]. 임혜원 역. 홍성사, 2006.

차명진. [10월 혁명: 우리는 광야에서 만났다]. 열아홉, 2020.

추부길. [북한 급변사태와 한반도 통일]. (주)에듀팩토리, 2016.

탁지일. [기독교이단 아카이브]. 현대종교, 2022.

허홍선. [베뢰아는 왜 이단인가]. 누가출판사, 2023.

현용수. [이스라엘을 모델로 좌파논리쪼개기]. 쉐마, 2021.

황성준. [Ex-Communist의 보수주의 여행]. 미래한국미디어, 2020.

B. R. Myers. *North Korea's Juche Myth*. Sthele Press, 2015.

Cheryl K. Chumley. *Socialists Don't Sleep: Christians Must Rise or America Will Fall*, 2024.

Erwin Lutzer. *We Will Not Be Silenced.* Harvest House, 2020.

Gordon Chang. *Losing South Korea*. Encounter Books, 2019.

Josh McDowell. Don Stewart. *Handbook of Today's Religions*. Here's Life Publishers, 1982.

Mark R. Levin. *American Marxism*. Simon & Schuster, 2021.

The Democrat Party Hates America. Simon & Schuster, 2023.

Paul Kengor. *The Devil and Karl Marx*. Tan Books, 2020.

The New Rainbow Study Bible: *New International Version*. Rainbow Studies Inc, 1981.

Rodney Hunter (ed). *Dictionary of Pastoral Care and Counseling*. Abingdon Press, 1990.

Thomas Belke. *Juche: A Christian study of North Korea's State Religion.* Living Sacrifice Book Company, 1999.

Wayne Grudem. *Politics according to the Bible.* Zondervan, 2012.

주사파가 뭐길래
2024년 3월 8일 초판 발행

지 은 이   정동섭
발 행 인   방경석
편 집 장   방지예
디 자 인   방지예
교   정   임미경
제   작   SD SOFT
등   록   제 301-2009-172호(2009.9.11)
주   소   경기도 동두천시 정장로 43
전   화   010-3009-5738
발 행 처   미문커뮤니케이션

Printed in Korea
ISBN 979-11-983072-4-8 03230

가   격   14,000원